Tauben halten

Heinrich Mackrott

Tauben halten

47 Farbfotos
17 Zeichnungen

VERLAG
EUGEN
ULMER

Die Deutsche Bibliothek – CIP-Einheitsaufnahme

Mackrott, Heinrich:
Tauben halten / Heinrich Mackrott. – Stuttgart (Hohenheim) : Ulmer,
1997
ISBN 3-8001-7375-1

© 1997 Eugen Ulmer GmbH & Co.
Wollgrasweg 41, 70599 Stuttgart (Hohenheim)
Printed in Germany
Einbandgestaltung: A. Krugmann
Lektorat: Ingeborg Ulmer
Herstellung: Ursula Stammel
Satz: Steffen Hahn GmbH, Kornwestheim
Druck: Gulde-Druck, Tübingen
Bindung: Großbuchbinderei Monheim, Monheim

Vorwort

Viele Menschen haben das Bestreben, sich in irgendeiner Weise mit der sie umgebenden Natur zu verbinden, denn wir alle sind ein Teil der Natur, und wir sollten uns bemühen, sie für uns in vernünftiger Weise zu nutzen, zu erhalten und zu genießen. Die heimische Haustierhaltung ist in diesem Sinne ein wichtiger Bestandteil unserer Umwelt, der über Jahrtausende vom Menschen durch Haltung und Zucht mitgestaltet und geprägt wurde. Aufgrund ihrer speziellen Eigenschaften lassen sich Haustauben schon auf kleinem Raum halten und züchten. Daher sind bei vielen Familien in Haus, Hof oder Garten gute Voraussetzungen für ihre Haltung gegeben.

Haustauben sind die einzigen freifliegenden Haustiere, die stets zu ihrem Schlag zurückkehren. Sie sind leicht zu halten, stellen keine großen Anforderungen an ihre Unterkunft, und sie sind sehr zutraulich. Das bietet ihren Besitzern die Möglichkeit, die verschiedenen Eigenschaften wie Lebensfreude, Fluglust, Fortpflanzungsgeschehen und die genetischen Naturgesetze bei den Nachkommen hautnah zu beobachten und mitzuerleben. Zusätzlich gibt es zahlreiche Wettbewerbe, an denen der Taubenhalter mit seinen Vögeln teilnehmen kann.

Die letzten Jahrzehnte haben für die Taubenhaltung und -zucht viele Neuerungen gebracht. So erschien es zweckmäßig, Erkenntnisse und Erfahrungen zu den wichtigsten Fragen der Taubenhaltung darzustellen. Dabei war es mein Bestreben, sowohl Anfängern und Freunden der Taubenhaltung die Thematik und die Hintergründe bekannter Tatsachen näherzubringen als auch erfahrenen Taubenzüchtern Anregungen für die Vertiefung ihres Fachwissens zu vermitteln. Eine genauere Darstellung der Rassenvielfalt und der Breite der Eigenschaften der vielen Rassengruppen hätte weitaus ausführlichere Darstellungen erforderlich gemacht. Dies ließ der Umfang dieses Buches, das für den Leser stets überschaubar bleiben soll, nicht zu. Für eine Vertiefung des Wissens auf Spezialgebieten sei auf das Literaturverzeichnis mit Angaben zu aktueller Taubenliteratur hingewiesen.

Nach über sechzigjähriger eigener Taubenhaltung kenne ich die Gefühle, Gedanken, Hoffnungen und Sehnsüchte vieler Taubenzüchter auf der ganzen Welt. Sie suchen Ruhe, Erholung und Erfolg in einem Bereich, der als Freizeitbeschäftigung naturverbunden und unabhängig ist von der modernen Technik. Bei ihnen allen hoffe ich mit diesem Buch zu mehr Freude und Zufriedenheit beitragen zu können. In diesem Sinne wünsche ich dem Buch eine weite Verbreitung.

Molfsee bei Kiel, im Sommer 1997
Dr. Heinrich Mackrott

Inhaltsverzeichnis

Wildtauben und Haustauben

Entwicklung der Wildtiere zu Haustieren

Vor etwa 10 000 Jahren begannen die Menschen an verschiedenen Stellen unserer Erde Wildtiere nicht nur zu jagen, sondern sie halbwild so zu halten, daß sie größeren Nutzen von ihnen hatten. Mit der Zeit dienten die Tiere nicht nur der Nahrungsbeschaffung. Man nutzte auch ihr Fell, ihre Federn und ihre Knochen. Als man die größeren Tiere dann zur Arbeit einsetzte und gezähmte Tiere in der Umgebung der menschlichen Behausungen hielt, wurden aus den verschiedenen Wildtieren Haustiere. Von diesen Haustieren nutzte man dann nicht nur das Fleisch, sondern je nach Tierart auch Eier, Milch, Wolle und Federn.

Die Tauben dienten der Fleischgewinnung. Inwieweit ihre Federn genutzt wurden, ist nicht bekannt. Ganz entscheidend in der Haustierwerdung ist die Tatsache, daß nun der Mensch die Zuchtwahl vornahm und die ihm vorteilhaft erscheinenden Eigenschaften wie Zahmheit, Körpergröße, Form, Farbe sowie das äußere Erscheinungsbild durch geschickte Auswahl der Zuchtpaare beeinflußte.

Recht intensiv erfolgte die Haustierzüchtung in den letzten 2000 Jahren. Sie wird niemals abgeschlossen sein. Gerade in den letzten Jahrzehnten sind weitere Wildtierarten zu Haustieren geworden, wenn man ihre kontrollierte Haltung und die Auswahl der Zuchttiere durch den Menschen als Maßstab nimmt. Hierzu gehören unter anderem bei den Säugetieren die Nerze, die Bisons und die Rentiere, bei den Vögeln die Wachteln und Strauße und bei den Amphibien Frösche und Schildkröten.

Zu den Vogelarten, die als Haus- und Nutztiere gehalten werden, gehören nunmehr Hühner, Gänse, Enten, Wachteln, Tauben, Pfauen, Perlhühner, Strauße und Puten.

Von der Felsentaube zur Haustaube

Die einzige Vogelart, die zum freifliegenden Haustier wurde, sind die Tauben. Alle heutigen freifliegenden Haustaubenrassen stammen mit einer Ausnahme von einer einzigen Urform, nämlich der Felsentaube *(Columba livia)* ab.

Diese Ausnahme sind die Lachtauben, die nach Raethel zur Unterart *Streptopelia* gehören.

Felsentauben gibt es in zehn verschiedenen Rassen, die sich alle sehr ähnlich sind und die sich in Gebieten, in denen mehrere Rassen gemeinsam vorkommen, miteinander paaren. Sie sind kleiner als die meisten unserer Haustaubenrassen; sie

9

haben eine Körpermasse von etwa 300 g. Wir kennen sie vor allem aus den Mittelmeerländern und den sich daran anschließenden Ländern in Nordafrika bis nach Senegal und Ghana. Außerdem kennt man sie in Vorderasien bis nach Turkestan, in Indien, Sri Lanka, Korea und in Nordchina. Der Autor konnte selbst wilde Felsentaubenschwärme in Mittelchina in der Provinz Gansu beobachten.

Für Nordeuropäer sind die Besiedelungsgebiete auf den Färöer-Inseln, in Schottland und in Irland naheliegender. Alle Felsentauben sind blau gefärbt mit zwei schwarzen Binden auf dem geschlossenen Flügel und der schwarzen Subterminalbinde auf den Schwanzfedern. Es gibt bei den verschiedenen Rassen hellere und dunklere Varianten, mit weißem oder dunklem Sattel.

Die dunkelste Rasse lebt in Westafrika. Sie hat einen weißen Sattel und einen roten Augenring. Die meisten unserer Wildfänge kommen aus Italien und aus Dalmatien. Die Nachzucht von Felsentauben wird bei Volierenhaltung recht zahm. Sie lassen sich problemlos halten und züchten fleißig. Alle Felsentauben lassen sich mit unseren Haustauben ohne weiteres kreuzen.

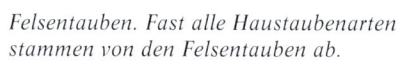

Felsentauben. Fast alle Haustaubenarten stammen von den Felsentauben ab.

Heimische Wildtauben

Während Felsentauben auf dem nordeuropäischen Festland so gut wie nicht vorkommen, gibt es mehrere andere Wildtaubenarten, die zum Teil seit Jahrtausenden, zum Teil seit einigen Jahrzehnten zu unseren heimischen Wildtieren gehören. Sie alle lassen sich nicht mit unseren Haustauben kreuzen.

Ringeltauben

Am bekanntesten unter ihnen sind die Ringeltauben (Columba palumbus), die zeitweise in großen Schwärmen im Herbst und Winter über das Land ziehen. Sie sind etwas größer als die Felsentauben und haben eine Körpermasse von ungefähr 500 g. Gut zu erkennen sind sie am weißen Halsfleck. Der Schnabel ist rot mit gelber Spitze. Ursprünglich waren sie sehr scheu und lebten in den Wäldern. Heute haben sie sich an die Städte gewöhnt und brüten sogar in den Bäumen an Hauptverkehrsstraßen.

Hohltauben

Weiterhin gibt es bei uns die Hohltauben (Columba oenas). Sie sind echte Zugvögel, die zum Brüten bis nach Süd- und Mitteldeutschland kommen. In Norddeutschland sind sie unbekannt. Sie treffen im März bei uns ein und ziehen im September wieder in den Süden. Stärker anzu-

treffen sind sie im Mittelmeerraum, in Westsibirien und in Turkestan. Sie sind kleiner als die Felsentauben mit einer Körpermasse von etwa 250–300 g. Sie bauen kaum Nester. Meistens benutzen sie für ihre Brut geeignete Baumhöhlen. Als Volierenvögel züchten sie eifrig und sind winterhart und pflegeleicht.

Turteltauben, Lachtauben und Türkentauben

Sie alle kommen in Europa vor und gehören zu der Art Streptopelia, von der es mindestens sechzehn Unterarten gibt. Sie sind in Mittel- und Südeuropa, in Asien bis in die Mongolei und im nördlichen Afrika beheimatet. In Norddeutschland und in Skandinavien kommen nur die Türkentauben vor.

Turteltauben sind Zugvögel, die Anfang Mai in ihrem Brutgebiet eintreffen und im September wieder in den Süden ziehen. In Mitteleuropa brüten sie während des Sommers nur einmal, in Volierenhaltung aber häufiger. Man erkennt sie an dunklen Halsbändern und den Seitenhalsflecken. Ihre Körpermasse beträgt um 160 g. Eine Volierenhaltung ist einfach. Die Tiere brüten nur 14 Tage. Bereits nach 14 Lebenstagen verlassen die Jungen das Nest. Sie sind dann aber noch nicht flugfähig.

Lachtauben werden seit vielen Jahrhunderten, wenn nicht Jahrtausenden, als Haustiere gehalten. Man nimmt an, daß sie zuerst in Südarabien oder in Indien von den Menschen gezüchtet wurden. Selbst in kleineren Käfigen brüten sie erfolgreich und sind somit leicht zu halten. Es gibt sie in verschiedenen Farbvarianten, die von Züchtern in ganz Europa mit Erfolg verbessert und weiterentwickelt werden.

Die Türkentauben *(Streptopelia decaocto)* leben vor allem in Indien, Birma, Korea und in Nordchina. In der ersten Hälfte dieses Jahrhunderts drangen sie über die Türkei bis in den Balkan vor, um sich in der zweiten Hälfte über ganz Europa, bis nach Skandinavien auszubreiten. Inwieweit sie sich im Winter in den Süden zurückziehen, ist nicht ganz klar. Ihre Vermehrung ist so stark, daß sie gebietsweise schon zur Plage werden. Ihre Körpermasse beträgt etwa 200–250 g, damit sind sie etwas größer als die Lachtauben. Auch in der Stimme unterscheiden sie sich deutlich voneinander. Nach Raethel paaren sie sich manchmal mit den Lachtauben und bekommen fruchtbare Nachkommen.

Andere Wildtaubenarten

Über die ganze Welt sind weitere 305 Wildtaubenarten verbreitet. Sie sind von unterschiedlichem Aussehen und von unterschiedlicher Größe. Sie haben teilweise wunderhübsche Formen und Farben, so daß man von der Schönheit und Vielseitigkeit, die die Natur uns auf unserer Erde bietet, überwältigt sein kann. Allen Taubenarten sind bestimmte anatomische und verhaltensspezifische Eigenschaften gemeinsam, so daß sie sich zoologisch und entwicklungsgeschichtlich zu der Art der Taubenvögel *(Columbiformes)* zusammenfassen lassen.

Gemeinsame Eigenschaften aller Taubenvögel

Einige gemeinsame Eigenschaften seien hier erwähnt: Die Nahrung wird von den Tauben aufgepickt oder vom Stück abgepickt. Dabei führen sie seitlich schlagende Bewegungen aus. Tauben, die nur auf dem Boden leben, scharren niemals. Die Trinkweise der Tauben weicht von der anderer Vögel deutlich ab. Fast alle Taubenarten fressen zuerst und trinken anschließend, indem sie den Schnabel ins Wasser stecken und mit saugenden Bewegungen das Wasser aufnehmen, ohne den Kopf anzuheben.

Alle Tauben baden gern und machen dabei fast gleiche Körperbewegungen. Beim Regenbaden legen sie sich auf eine Körperseite, strecken den oberen Flügel und plustern das Gefieder auf. Beim Baden im Wasser gehen sie an einer möglichst flachen Stelle hinein, machen mit dem Schnabel pickende Bewegungen, plustern das Gefieder auf und tauchen dann mit Kopf und Hals ins Wasser ein, wobei sie heftig mit den Flügeln schlagen. Dieser Vorgang wird mehrfach wiederholt. Manchmal sieht man sogar, wie Tauben sich auf einem See niederlassen, eine Weile dort verharren, dabei saufen, um sich mit schnellen Flügelschlägen wieder aus dem Wasser zu erheben. Nach dem Baden wird das meiste Wasser durch schnelle

Tauben beim wöchentlichen Bad. Badesalz beugt Insektenbefall des Gefieders vor.

Haustauben

Von den aus den Felsentauben entstandenen Haustauben gibt es auf der Welt mindestens 500 verschiedene Rassen, die sich alle in ihren Formen, Farben und Eigenschaften voneinander unterscheiden. In Deutschland sind etwa 300 Taubenrassen bekannt, von denen 268 bisher von unseren Züchterorganisationen anerkannt wurden. Weitere Anerkennungsverfahren stehen nach vorgeschriebenen Bestimmungen an. Für ihre Zucht gibt es Richtlinien, nach denen sie gezüchtet und beurteilt werden.

Allen Tauben gemeinsam ist ihre Schlagtreue. Wenn man ihnen Freiflug gibt, verlassen sie ihren Schlag, um in der Gegend herumzufliegen. Meistens umfliegen sie ihren Schlag in verschieden weiten Kreisen. Jedoch kehren sie jederzeit wieder in ihn zurück, um zu fressen, zu saufen, sich auszuruhen, zu schlafen und in ihm zu brüten. Felsentauben haben ein sehr gutes Orientierungsvermögen. Es wurde berichtet, daß Felsentauben in Wüstentälern in Ägypten brüten und täglich

Flügelschläge abgeschüttelt und das Gefieder anschließend in der Sonne getrocknet. Danach erfolgt ein intensives Putzen aller Federn.

Eine weitere Gemeinsamkeit der Tauben ist das Sonnenbaden, bei dem sie sich auch auf die Seite legen, einen Flügel strecken und die Schwanzfedern spreizen. In ihrem Benehmen und in ihrem Balz- und Paarungsverhalten haben sie viele Gemeinsamkeiten.

Alle Haustauben lassen sich ohne Ausnahme miteinander verpaaren, wenn nicht Unterschiede in der Körpergröße einer Vermehrung im Wege stehen.

Beispiele für unterschiedliche Formen ▷
und Farbverteilungen.
Oben links: Pfautaube, einfarbig gelb.
Oben rechts: Sächsischer Kröpfer, weiß.
Mitte links: Deutsche Doppelkuppige
Trommeltaube, rot.
Mitte rechts: Dresdener Trommeltaube, gelb.
Unten links: Lockentaube, weiß.
Unten rechts: Strasser, blau.

14

250 km zurücklegen müssen, um zu Futter- und Wasserstellen zu kommen.

Bei den meisten Haustauben ist das Orientierungsvermögen, wenn man sie an einem für sie unbekannten Ort in Freiheit setzt, verlorengegangen. Sie finden allerdings ihren Schlag wieder, wenn sie sich beim Freiflug in weiten Kreisen von ihm entfernt haben. Wichtig ist dies vor allem bei Hochfliegern, die sich bei klarem Wetter einige hundert Meter hoch in die Lüfte erheben und sich dabei weit von ihrem Schlag entfernen. Bei anderen Rassen ist ein Orientierungsvermögen noch vorhanden, so daß sie auf Entfernungen von 10–100 km wieder nach Hause finden. Besonders ausgeprägt ist das Orientierungsvermögen bei den Brieftauben, die in den Sommermonaten zu Wettflügen mit 150–700 km Entfernung vom Heimatschlag in Freiheit gesetzt werden und mit erstaunlichen Geschwindigkeiten in ihren Heimatschlag zurückkehren.

Rassetauben - lebendes Kulturgut

Lebende Kulturgüter sind alle unsere Kulturpflanzen und Haustiere, die in vielen Jahrtausenden aus zum Teil unscheinbaren Wildformen durch Domestikation und gezielte Züchtung entstanden sind. Viele dieser Pflanzen und Tiere bilden heute die Grundlage unserer Ernährung. Ohne sie wäre die heutige Weltbevölkerung zum Verhungern verurteilt. Andere Kulturpflanzen und Haustiere dienen der Pflege unserer Sitten und unserer Kultur.

Die Rassetauben sind ein Beispiel dafür, wie durch jahrtausendelange Züchtung die genetische Veränderung zu einer Fülle von Varianten hinsichtlich Form, Farbe und besonderen Eigenschaften und Leistungen führt. Sie alle haben ihre unterschiedlichen, rassetypischen Merkmale. Diese beziehen sich nicht nur auf die äußere Erscheinungsform, sondern auch auf ihre speziellen Verhaltensweisen und verschiedenartigen Leistungen. So nimmt es nicht wunder, daß es allein in Westeuropa über 300 verschiedene Taubenrassen gibt. Als Beispiele seien hier die Roller-, Purzler-, Hoch-, Stil-, Sturz- und Dauerflugrassen genannt, sowie die Ringschläger und Bodenpurzler, wie auch die Brieftauben, die an einem ihnen unbekannten Ort in Freiheit gesetzt, schnellstmöglich wieder in den heimischen Schlag zurückkehren. Andere Eigenschaften haben die Kropftauben, die ihren Kropf bei der kleinsten Erregung bereits aufblasen. Trommeltauben unterscheiden sich von anderen Rassen durch die nur ihnen eigene Lautgebung, die man als Trommeln bezeichnet. Allerdings werden die meisten Rassen nicht wegen ihrer speziellen Leistungen, sondern nach ihrem Erscheinungsbild im Ausstellungskäfig gezüchtet. Die Beurteilung durch die Preisrichter und die Prämierungen auf den Ausstellungen entscheiden letztlich über die Zuchtauslese nach dem für jede Rasse festgelegten Standard. Die Rassenvielfalt entstand nicht in Jahrzehnten, sondern in Jahrhunderten und Jahrtausenden. Rassetaubenzüchter wollen sich nicht nur im

16

täglichen Umgang ihrer Tiere erfreuen und nicht nur mit ihnen an Wettbewerben auf Ausstellungen und Flugveranstaltungen teilnehmen, sondern sie sehen es ebenfalls als ihre Aufgabe an, dieses lebende Kulturgut zu erhalten, zu schützen und an kommende Generationen weiterzugeben. Dazu bedarf es der ständigen Aufzucht neuer Generationen. Die Paarung erfolgt unter Anwendung unserer Erkenntnisse über die Vererbungsgesetze und die Verjüngung und Qualitätsverbesserung durch eine systematische Auslese. Wird eine Rasse durch Zuchtaufgabe nicht mehr erneuert, so ist sie zum Aussterben verurteilt, und es geht wertvolles Kulturgut verloren.

Taubenhaltung in anderen Ländern

Wer auf Reisen geht, sieht wie in vielen anderen Ländern die private Haltung von Rassegeflügel oft gerade erst in den Anfängen steckt. Diese Entwicklung erleben wir in Nord- und in Südamerika, aber in noch viel stärkerem Maße in Asien. Araber in verschiedenen Ländern zahlen hohe Preise für deutsche Tauben ganz bestimmter Rassen. Japaner und Chinesen kaufen in Westeuropa für hohe Geldsummen die besten Wettflugtauben, weil sie diesen Flugsport selbst ausüben. Viele Chinesen halten Tauben in einem kleinen Stall oder auf ihrem Balkon, wie man es sogar in den Hochhäusern in Beijing sehen kann, wenn man durch die Stadt fährt. In allen größeren Städten in China gibt es sonntags Taubenmärkte, auf denen viele verschiedene Rassen zum Kauf angeboten werden.

Die chinesischen Brieftaubenzüchter haben ihren Zentralverband in Shanghai, mit einem Präsidenten an der Spitze. Der Verband gibt eine Zeitschrift heraus, und alle Züchter von Ortsvereinen können vom Verband einheitliche Fußringe beziehen. In gleicher Weise entwickelt sich in China die Haltung von Rassetauben. Die Zucht, Haltung und Beurteilung wird mit einer für uns kaum vorstellbaren Intensität betrieben. Weltweit gesehen wird daher die Zucht und Haltung von Rassetauben noch einen großen Aufschwung nehmen.

Die Zukunft der Rassetauben

Tierliebhaber wird es immer geben; es fragt sich nur, in welchem Umfang die Taubenzucht und -haltung unter heutigen und zukünftigen Bedingungen durchgeführt werden wird. Unsere Umwelt wird heute bestimmt durch die Medien, wie Fernsehen, Radio und Presse, elektronische Geräte, wie die Computer, und durch immer mehr verfeinerte und verbesserte Sportgeräte. In fast jeder Familie gibt es ein Auto, mit dem Ausflüge und Reisen durchgeführt werden. Für annehmbare Geldbeträge kann man in andere Kontinente in Urlaub fliegen. Taubenzüchter können dies nur, wenn ihre Tauben während ihrer Abwesenheit richtig versorgt werden. Um die Rassetaubenzucht für die Zukunft sicherzustellen, gilt es vor

Kunstflugtauben kehren an jedem Ort nach dem Flug in ihren Flugkasten zurück.

ganisationen unserer Verbände bleibt es vorbehalten, alle Taubenzüchter fachlich zu informieren, ihnen durch spezielle Veranstaltungen Möglichkeiten zum persönlichen Erfolg zu ermöglichen, Freude und Begeisterung zu vermitteln und damit Taubenzucht und -haltung als eine naturverbundene Freizeitbeschäftigung zu fördern. Dazu gehört es auch, unsere Jugend durch Öffentlichkeitsarbeit an dieses schöne, verantwortungsvolle Hobby heranzuführen. Wenn dies gelingt, können wir der zukünftigen Entwicklung der Rassetaubenzucht ruhig entgegensehen, denn Taubenzucht ist nicht nur ein Hobby, sie hilft auch, Fleiß, Beharrlichkeit, Suche nach unausweichlicher Problemlösung und Familiensinn zu fördern.

Taubenhaltung - Bindung zur Natur

Fast alle Menschen haben das Bedürfnis, in irgendeiner Weise engen, unmittelbaren Kontakt zur Natur zu bekommen. Dies beginnt mit den Blumen in der Wohnung oder der Haltung von Kleinvögeln im Zimmer. Tauben- oder Hühnerhaltung ist immer möglich, wenn ein entsprechender Platz für die Stallungen oder Schläge vorhanden ist. Hierfür sind die Möglichkeiten unendlich groß. Sie beginnen mit einem kleinen, freistehenden Schlag oder einem festen Stall auf einem Hinterhof. In Gärten gibt es wunderhübsche kleinere und große Gartenschläge und in noch größerem Maße lassen sich Gebäudeteile für ei-

allem, jugendliche Züchter an die Taubenhaltung heranzuführen. Das Interesse vieler Jugendlicher ist groß. Man muß ihnen Lösungen für die Haltung anbieten, die mit ihren übrigen Interessen in Einklang zu bringen sind. Sehr oft ist eine Lösung innerhalb der Familie bereits vorhanden. Jahrtausende alte Taubenhaltung und -züchtung mit den vielen Variationsmöglichkeiten ist mit keiner der modernen Techniken vergleichbar. Mit etwas Verstand kann man das eine nutzen und gleichzeitig das andere betreiben, wenn Familie und Freunde am Anfang entsprechende Unterstützung gewähren. Den Or-

18

Auch bei Haltung im Freien ist die Zutraulichkeit von Tauben sehr groß.

ne Taubenhaltung vorteilhaft nutzen. Oftmals sind dies die Obergeschosse oder Dachböden von Autogaragen oder Wirtschaftsgebäuden. Ist erst einmal das erste Taubenpaar angeschafft, so bringt die Taubenhaltung bereits Freude bei der täglichen Fütterung und Beobachtung, bei der Paarung, der Brut, der Aufzucht und dem täglichen Rundflug, wenn ein solcher gewährt werden kann. Man hat es selbst in der Hand, zu züchten, die Vererbungsgesetze bestätigt zu bekommen, die besten

Tiere auszulesen und die Qualität des Bestandes zu verbessern.

Die meisten Tauben werden sehr zutraulich, wenn man sie ruhig behandelt und beim Füttern an die Nähe des Menschen gewöhnt. Mit etwas Geduld schafft man es, daß sie einem aus der Hand fressen. Doch gibt es rassebedingte Unterschiede. Tauben, die ohne direkten Kontakt zu den Menschen betreut werden, halten stets gebührenden Abstand, zeigen jedoch keine Scheu vor Menschen und vor anderen Haustieren. Alle Haustauben haben vom Frühling bis zum Herbst den Drang sich zu vermehren, so daß es für Anfänger in der Taubenhaltung nicht schwierig ist, eine Zucht zu beginnen und dabei eng mit dem natürlichen Geschehen in Berührung zu kommen.

Viele Taubenzüchter sind in einem der vielen Geflügelzuchtvereine, Taubenzuchtvereine oder in speziellen Sondervereinen organisiert. Mancher Taubenhalter züchtet schon seit Jahrzehnten eine ganz bestimmte Rasse. Alle Jungtiere werden beringt und sind damit für immer gekennzeichnet. Man beobachtet die Tauben in ihrem Wesen und beurteilt ihr Aussehen nach der für diese Rasse maßgeblichen Musterbeschreibung. Die besten Jungtiere werden zur Bestandsergänzung ausgelesen. Als Höhepunkt des Zuchtjahres werden sie in den Herbst- und Wintermonaten auf die Ausstellungen geschickt. Hier müssen sie mit anderen Tauben der gleichen Rasse konkurrieren. Sie werden von Preisrichtern beurteilt.

Beurteilungen und errungene Ehrenpreise sind der Lohn für ein erfolgreiches Zuchtjahr. Der Vergleich mit den Tauben anderer Züchter gibt einen Überblick über den Zuchtstand der eigenen Tauben. Oft wird neues Zuchtmaterial erworben oder gute Tauben werden an andere Züchter abgegeben. Erfahrene Züchter versuchen darüber hinaus auf züchterischem Wege, die in einer Rasse noch nicht vorhandenen aber erwünschten Eigenschaften, zum Beispiel eine neue Farbvariante, hineinzuzüchten.

Der Taubenschlag

Hat man sich entschieden, Tauben zu halten, so ist die Frage nach einer geeigneten Unterbringung als nächstes zu beantworten. Oft richtet sich die Art der Unterbringung nach der anzuschaffenden Rasse. Große Rassen oder belatschte Tauben brauchen sehr viel mehr Raum als kleinere Flugrassen, und man muß für sie größere Maße für die Inneneinrichtung wählen. Tauben stellen keine großen Ansprüche an ihre Behausung. Dennoch soll die Schlaganlage so zweckmäßig wie möglich eingerichtet sein, um in mancherlei Hinsicht zufriedenstellende Voraussetzungen für Zucht, Haltung und Pflege zu schaffen. Wohngebäude sind für die Taubenhaltung in den allermeisten Fällen aus hygienischen Gründen und wegen der Geräusche nicht geeignet. Wirtschaftsgebäude sind nicht immer vorhanden. Jedoch ist die Taubenhaltung in einem Außenschlag möglich, wenn ein geeignetes Gelände zur Verfügung steht.

Einfache Schläge für kleine Bestände

Der einfachste Taubenschlag ist ein Kasten, der an einem Luftloch an der Innenseite eines festen Gebäudes angebracht wird. Das Luftloch wird zum Einflug und ist gleichzeitig Fenster für den Lichteinfall. Sehr wichtig ist bei jedem Taubenschlag ein Zugang für den Taubenhalter, um die Tiere greifen oder bei schlechtem Winterwetter ausreichend mit Futter oder Wasser versorgen zu können und um jeden Schlag nach Bedarf zu reinigen. In der Zuchtzeit ist der Kotanfall besonders groß. Für die brütenden Paare werden vor der Paarungszeit Nistschalen aufgestellt, und an den senkrechten Wänden werden Sitzgelegenheiten angebracht. Wer nicht bereit ist, dieses Mindestmaß an Wartung und Pflege aufzubringen, sollte lieber keine Tauben halten, denn er wird auch keine Erfolge haben, und die Tauben werden ihm nur Ärger einbringen. Die nächste Form der Kleinhaltung ist ein auf Pfählen oder auf einem Dach aufgesetzter freistehender Schlag, wobei das Mindestmaß 1 m^3 betragen sollte. Nach oben sind der Größe keine Grenzen gesetzt. Der Schlag benötigt einen Einflug, der möglichst waagerecht mit einem Schieber verschließbar sein sollte, ein Fenster für den Lichteinlaß und eine Tür, um in den Schlag hineinlangen zu können. Solche kleinen Schläge sind selten, sie reichen für die Haltung von ein bis zwei Zuchtpaaren aus, können aber einem Jugendlichen, der über keine anderen Möglichkeiten verfügt, eine wertvolle Hilfe für den Anfang sein. Ist er von seinen Tauben begeistert, so wird er schon ganz von selbst nach besseren Haltungsmöglichkeiten suchen und eine größere Unterkunft für seine Tauben finden.

Großer, vorbildlicher Gartenschlag mit fünf Abteilen, Pfannendach, Voliere am Ende und Geräteraum in der Mitte, mit großen Fenstern, Belüftungsklappen und Sprungeinflügen.

Schläge in festen Gebäuden

Häufiger sieht man, daß kleine Schläge in großen Gebäuden unter einem First oder an einem Fenster eingebaut wurden, so daß das Fenster dem Taubenschlag zum Lichteinfall dient und gleichzeitig den Einflug aufnimmt. Will man in harter Konkurrenz auf Ausstellungen oder anderen Taubenwettbewerben wie Kunst- und Dauerflügen oder Wettflügen erfolgreich sein, so richtet sich der Schlag nach den hierfür benötigten Erfordernissen. Für die Haltung größerer Bestände eignen sich nur begehbare Schläge mit mehreren Ab-

teilen in festen Gebäuden oder entsprechend große Gartenschläge. Während in festen Gebäuden die äußere Hülle des Schlages als Wand, Fußboden und Dach bereits gegeben ist, hat man beim Neubau eines Gartenschlages alle Möglichkeiten, sich das Material und die Größe nach eigenem Ermessen selbst auszuwählen.

Gartenschläge

Vorteilhaft für einen Gartenschlag ist eine Grundfläche von etwa 2,80 × 3,00 m. Diese Maße bieten in der Innenaufteilung ei-

*Kleiner Gartenschlag mit zwei Einflügen und
Schrägdach mit Pfannenabdeckung.*

*Einfacher, ebenerdiger Gartenschlag aus Holz
mit Anflugbrett und Pultdach.*

ne Abteiltiefe von 2 m und einen Lauf- und
Abstellgang von 80 cm Breite. Engere
Gänge sind zu unbequem. Je nach Wunsch
des Züchters kann der Schlag beliebig
lang werden, wobei 3 m Länge das Mindestmaß sein sollte.

Für einzelne Schlagabteile sollte man
eine Länge von mindestens 2 m wählen,
um genügend Raum für die Inneneinrichtungen zu haben. Noch größere Abteile
bergen die Gefahr, daß man die Tauben bei
der Betreuung und beim Einfangen nicht
mehr ganz „im Griff" hat. Man sollte eine
Taube im Schlag stets ohne Hin- und Her-
jagen „nehmen" können, ohne die übrigen

Tiere zu beunruhigen. Benötigt man drei
Abteile, zum Beispiel für Zuchttauben,
Flugtauben und Jungtauben, so ergibt sich
eine Schlaggröße von 3 × 6 m.

Die Ansichten über die Dachgestaltung
gehen auseinander. Es gibt Züchter, die
ein Spitzdach mit Dachpfannen bevorzugen. Die Tauben können auf dem First landen und sitzen. Das schräge Dach wird immer wieder durch den Regen vom Kot befreit und dieser kann von Zeit zu Zeit aus
den Dachrinnen herausgenommen werden. Fest steht, daß die Tauben sich auf einem Flachdach mit Gefälle wohler fühlen.
Es bietet ihnen eine große Landefläche

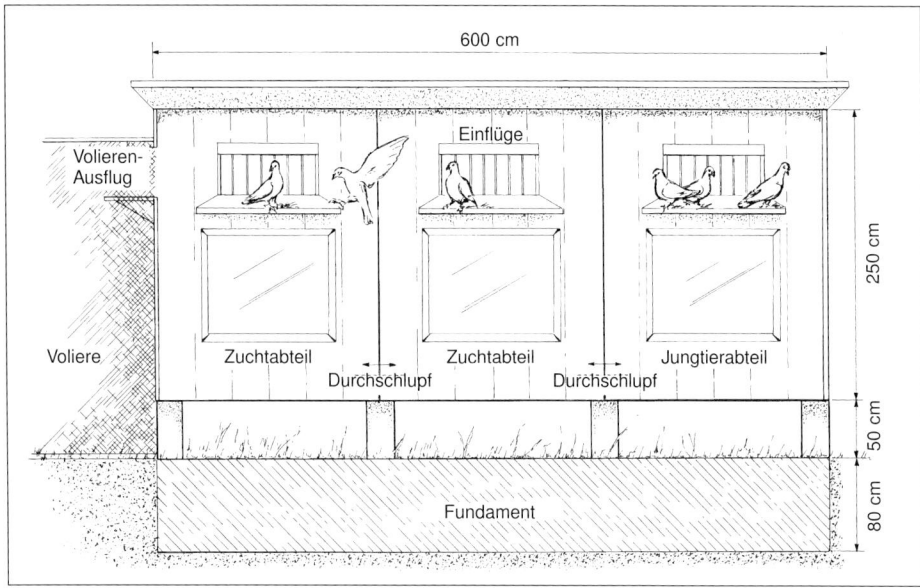

600 cm

Einflüge

Volieren-Ausflug

Voliere   Zuchtabteil   Zuchtabteil   Jungtierabteil

Durchschlupf   Durchschlupf

Fundament

250 cm

50 cm

80 cm

Ein vielseitig verwendbarer Gartenschlag mit zwei Zuchtabteilen, einer Voliere und einem Jung-
tierabteil. Verschließbare Schlupflöcher erlauben jede Kombination.

und sie haben hier Gelegenheit zum Sitzen, Ausruhen, Balzen, Sonnenbaden und zur Gefiederpflege. Diese Aussage gilt auch für Tauben, die nach täglichem Freiflug sofort wieder in den Schlag gerufen werden. Auch sie wollen einmal dort sitzen, wo es ihnen gefällt. Sind höhere Wohnhäuser in der Umgegend, so sind Tauben, die einen Schlag mit Spitzdach haben, häufig geneigt, die höheren Häuser anzufliegen. Haben sie ein großes, flaches Dach auf ihrem eigenen Schlag, werden andere Dächer selten angeflogen. Durch Sitzen auf dem Dach des Schlages werden die Tauben zutraulicher und man kann sie gezielter zum Fressen in den Schlag hineinlocken.

Bau eines Gartenschlages

Will man einen Gartenschlag bauen, so richtet sich die Größe nach der Zahl der zu haltenden Tauben und nach der Größe der Rasse und ihrem Temperament. Ist man sich hierüber im klaren, so folgt als nächstes eine Abklärung der baupolizeilichen Vorschriften. Zumeist ist eine Baugenehmigung vom Bauamt der Gemeinde- oder Stadtverwaltung oder zumindest eine Bauanzeige erforderlich.

Der Standort im Garten wird so gewählt, daß die Frontseite nach Osten oder Süden zeigt, damit möglichst viel Sonnenlicht in den Schlag gelangen kann oder die

24

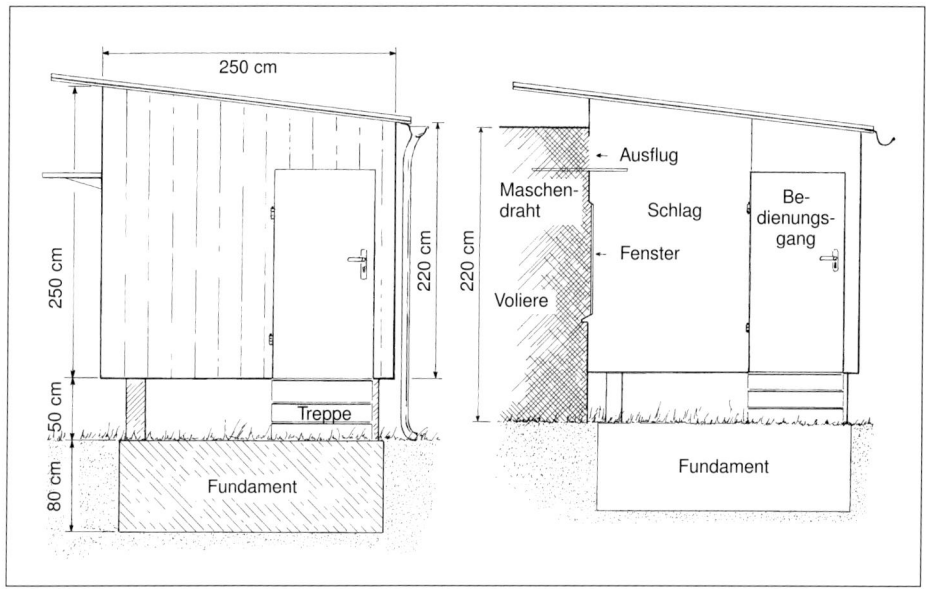

Seitenansicht eines Gartenschlages mit Voliere.

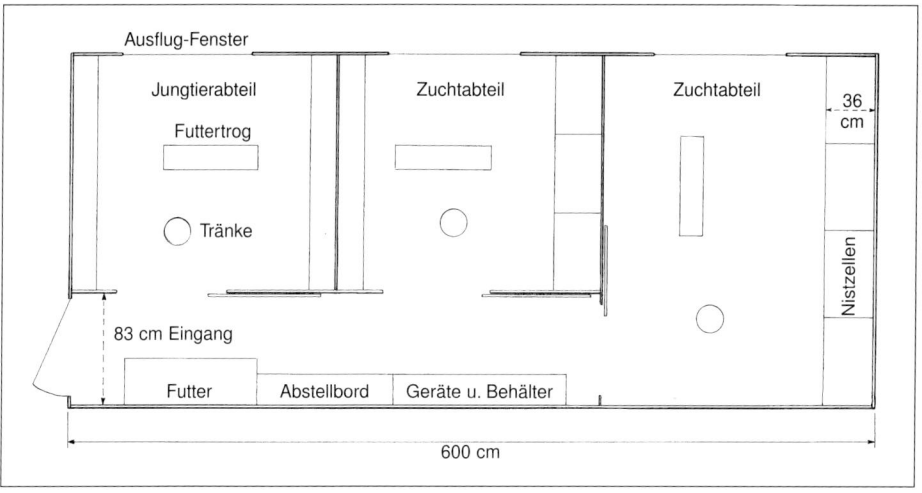

Grundriß eines Gartenschlages für etwa 20 Zuchtpaare.

ersten Morgenstrahlen den Tauben Licht und Wärme bringen. Viele Züchter lehnen eine Frontseite nach Osten ab, da im Winter oft sehr kalte Winde aus Osten kommen und Fenster und Ausflüge nicht den gleichen Wind- und Kälteschutz bieten, wie eine geschlossene Wandfläche. Ebenso wichtig ist die richtige Lage des Taubenhauses auf dem Grundstück. Betritt man das Grundstück, so sollte man immer die Frontseite des Schlages vor Augen haben, denn jeder Züchter möchte seinen Schlag und seine Tauben so gut und so schnell wie möglich sehen, beobachten und kontrollieren können.

Aus den vielen Möglichkeiten für den Bau eines Gartenschlages soll als Beispiel eine Schlaganlage mit den Ausmaßen von 2,70 × 6,20 m dargestellt werden. Ein Gartenschlag soll immer auf Pfählen stehen, die mindestens 50 cm herausragen, damit der Fußboden des Schlages um diese Höhe über der Erdoberfläche liegt. Damit ist er immer trocken. Raubzeug kann sich nicht von unten durchfressen und der Raum unter dem Schlag läßt sich in angepaßter Weise verkleiden. So bietet er die Möglichkeit zum Abstellen von Zubehör.

Die Pfähle können aus Holz, Beton oder dicken Tonrohren bestehen. Um Frostsicherheit zu gewährleisten, wird ein 80–90 cm tiefes Fundament aus Beton für einen sicheren Stand sorgen. Die Standpfähle sollen nicht mehr als 2 m auseinander stehen. Sie werden in das Fundament aus Beton mit eingelassen. So steht der Schlag auf festen Füßen. Für das Fundament wird zunächst ein Graben von 22 cm Breite und 80–90 cm Tiefe mit den Außenmaßen 2,50 × 6,00 m ausgehoben. In die Mitte des Grabens werden vorne und hinten in gleichmäßigen Abständen je vier Pfähle so gesetzt, daß sie 50 cm über das Fundament hinausragen. Der Kopf des Fundamentes wird eingeschalt, damit er eine gerade und geglättete Oberfläche mit senkrechten Kanten bekommt. Nun wird der Graben mit Fundamentbeton ausgefüllt.

Fußboden

Nach der Aushärtung werden auf die Betonpfähle zwei 10 × 10 cm dicke Längsbalken mit einer Länge von 6,16 m gelegt. Die Balken werden mit Metallbändern an den senkrechten Pfählen befestigt. Damit wird der Schlag unverrückbar mit dem Untergrund verbunden. Auf die Längsbalken werden in gleichmäßigen Abständen 10 Querbalken 10 × 10 × 266 cm gelegt und mit den Längsbalken innig verbunden. Sie bilden die Unterlage für den Fußboden. Auf der Bodenfläche von 2,66 × 6,16 m werden Fußbodenbretter verlegt.

Seitenwände

Als Gerüst für die senkrechten Außenwände dienen Dachlatten (4 × 6 cm). Für die Rückwand werden 11 Dachlatten von 2,02 m Länge benötigt. Sie werden genau waagerecht auf einer freien Fläche auf einer Balkenunterlage (den späteren Dach-

Weiße Tauben werden von vielen Taubenhaltern bevorzugt. Der Schlag befindet sich hinter einer Holzwand in einem festen Gebäude.

balken) im rechten Winkel zu 6,16 m langen Dachlatten in gleichmäßigen Abständen ausgelegt und auf ihren beiden Stirnseiten mit diesen verschraubt. Danach werden Profilbretter als Außenwand auf ihnen befestigt. Ebenso verfährt man mit der Vorderfront. Wegen des Dachgefälles

müssen aber die Dachlatten für die Vorderfront eine Länge von 2,32 m haben. Bei den Rahmen für die Seitenwände muß in den Abmessungen das Dachgefälle mit berücksichtigt werden. In die Vorderfront werden Rahmen für die Ausflüge und für die Fenster aus den gleichen Dachlatten

27

eingesetzt. Ebenso verfährt man mit dem Rahmen für die Tür an einer Seitenwand. Zweckmäßigerweise kauft man Fertigfenster mit Abmessungen, die für den in Aussicht genommenen Zweck geeignet sind. Die waagerechten Rahmenlatten der Seitenwände dürfen nur 2,58 m lang sein, da sie mit den Rahmenhölzern der Vorder- und Rückfront zusammenstoßen, während ihre Profilbretter als Außenwand 2,66 m lang sein müssen, um an die Profilbretter der Vorder- und Rückfront anzuschließen.

Das Aufstellen der vier Seitenwände erfordert viel Kraft und Geschick. Deshalb kann man natürlich auch zunächst die Rahmen aufstellen, miteinander befestigen und dann die Profilbretter an ihnen befestigen.

Dach

Stehen die Seitenwände und sind diese fest miteinander verbunden, werden auf sie 11 Balken 10 × 10 cm aufgelegt und mit den Rahmenhölzern verbunden. Diese Balken überragen die Seitenwände nach vorne um 40 cm und nach hinten um 25 cm, um einen ausreichenden Dachüberstand zu bilden. Auf ihnen werden Fußbodenbretter als Abschluß nach oben verlegt, wobei die Bretter die Seitenwände um 20 cm als Dachüberstand überragen. Auf dem Dach wird Teerpappe doppelt verklebt, um das Dach absolut wetterfest zu machen. An der Hinterseite des Schlages wird eine Regenrinne angebracht, um das Regenwasser geregelt abzuführen. Die Regenrinne muß von Zeit zu Zeit gereinigt werden.

Innenwände

Um einen guten Wärmeschutz und möglichst glatte Wände zu bekommen, werden die Wände innen verkleidet. Hierfür eignen sich 8 mm starke Spanplatten, die sich auch gut mit Binderfarbe anstreichen lassen. Für Unterteilungen werden stärkere Spanplatten verwendet. Man unterteilt den Schlag in drei Abteile, von denen zwei Abteile für die Zucht und ein Abteil als Jungtierschlag dienen. Je nach Lage des Schlages wird an einer der Seitenwände die Eingangstür eingebaut, die in den rückwärtigen Arbeitsgang hineinführt. Der Arbeitsgang soll etwa 80–100 cm breit sein, damit man sich bequem in ihm bewegen kann. Er reicht von der Eingangstür bis zum hinteren Abteil, das um die Gangbreite größer ist als die beiden anderen Abteile. Im Gang können Schutzkleidung, Futter und alles Zubehör, wie Notizhefte, Fußringe, Medikamente und ähnliches aufbewahrt werden. Mit drei Abteilen hat man immer Platz, um im Winter die Geschlechter zu trennen und um kranke Tiere oder Spätjunge in einem besonderen Abteil gesondert zu versorgen. Dieses Abteil dient im Sommer als Jungtierschlag. Sind die ersten Jungtiere flügge, so werden sie in den Jungtierschlag abgesetzt und können sich, ohne von den Alttieren gestört zu werden, hier prächtig entwickeln.

Gartenschlag mit zwei Abteilen.

Der Freiraum unter dem Gartenschlag bewirkt, daß er von unten durch die vorbeistreichende Luft immer trocken ist und unerwünschte Tiere sich nicht unter ihm festsetzen können. Man kann den Abstand zum Erdboden durch Verblendungen als Sichtschutz verkleiden und hier auch Geräte ablegen, wenn kein anderer Platz vorhanden ist. Ist der neue Taubenschlag soweit fertiggestellt, wird seine äußere Hülle zum Wetterschutz mehrschichtig mit einer freundlichen Farbe angestrichen.

Voliere

Der Freiflug der Tauben ist immer mit Gefahren durch Greifvögel, Katzen, knallende Geräusche, Leitungsdrähte und dergleichen verbunden. Ein Verlust wertvoller Zuchttiere kann sehr schmerzlich sein. Um diese Gefahren auszuschließen werden in der heutigen Rassetaubenzucht alle wertvollen Zuchttiere, von Ausnahmen abgesehen, in Schlägen mit Volieren gehalten.

Je nach Standort lassen sich um den Schlag herum an allen Seiten, so wie es die Situation gerade ergibt, Außenvolieren anbringen. Beim Bau von Volieren muß man darauf achten, daß sie rattensicher konstruiert sind, damit man vor unangenehmen Überraschungen geschützt ist. Enges Drahtgewebe sollte die Tauben vor Sperlingen schützen, da diese sich sonst an der Futteraufnahme beteiligen, aber auch Krankheiten (Federlinge, Milben, Würmer) übertragen können. Wenn man sich die Himmelsrichtung aussuchen kann, baut man die Volieren vom Schlag aus in Südrichtung, damit den Tauben möglichst viel Sonne zur Verfügung steht. Die Volieren sollen möglichst groß sein, um den Tauben soviel Bewegungsfreiheit wie möglich zu gewähren. Volieren mit einer Grundfläche von 3 × 3 m sind ein gutes Mittelmaß. Es gibt größere, aber auch viel kleinere. Dies hängt auch von der Anzahl und Größe der gehaltenen Tauben und von ihrem Temperament ab. Will man Frostschäden vermeiden, so sollte man die tragenden Volierenhölzer oder -rohre auf ein Fundament stellen.

Manche Schläge mit Voliere haben eine offene Vorderfront. So können die Tauben ungehindert aus dem Schlag in die Voliere hineinfliegen. Damit wird die Voliere praktisch zu einem Teil des Schlages. Sie muß allerdings durch Türen oder Einsatzwandflächen geschlossen werden können, damit die Tauben sich bei Sturm, Regen, Kälte und Zugluft in einen geschlossenen Schlag zurückziehen können.

Viele Volierenschläge besitzen dagegen einen Ausflug, durch den die Tauben in die Voliere hinaus- und wieder in den Schlag zurückgelangen können. Zum Schutz und zur Kontrolle muß sich der Einflug zu je-

Links: Gescheckte Tümmler in geräumiger Voliere mit zwei Abteilen mit Lauf- und Sitzbrett.

Rechte Seite oben: Malerische Gartenanlage mit Außenvolieren und Blumenbepflanzung, die sich harmonisch in die Landschaft einfügt.
Rechte Seite unten: Massiv gebaute Schlaganlage mit überdachten Außenvolieren, wodurch der Volierenboden stets trocken bleibt.

▷

30

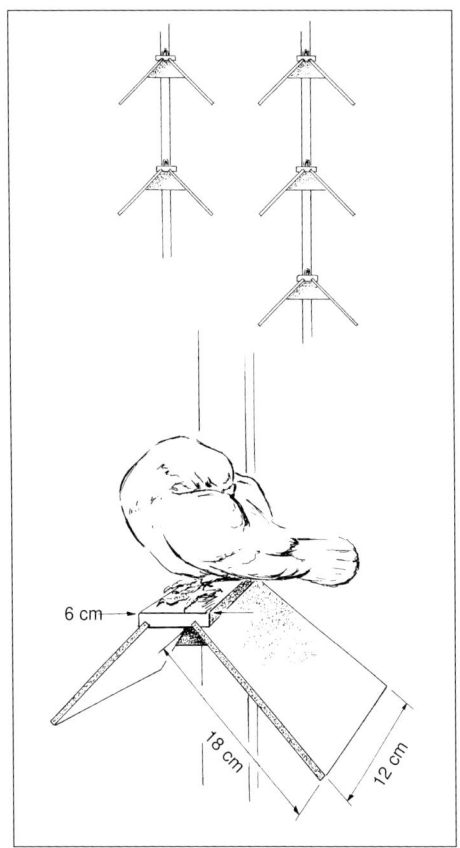

Sitzdach mit Taube bei der Gefiederpflege.

Sitzbrett (oben) und Sitzteller für große Tauben (unten).

der Zeit mit einer Klappe verschließen lassen.

In der Voliere werden zahlreiche Sitzgelegenheiten angebracht, damit sich alle Tiere ungestört setzen können. Die Sitzstangen werden so angeordnet, daß sich die Tauben, auch wenn sie in verschiede-

nen Höhen sitzen, nicht gegenseitig beschmutzen. Als Sitzgelegenheiten dienen Sitzteller, -dächer, -löcher, -bretter oder -stangen. Die Eignung der verschiedenen Sitzgelegenheiten schwankt etwas von Rasse zu Rasse. Bei großen und belatschten Tauben haben sich Sitzteller gut bewährt. Sie bieten den Tauben viel Platz und verhindern, wenn sie weit genug voneinander entfernt angebracht sind, ein gegenseitiges Zanken, wie es auf Brettern und Stangen die Regel ist.

Der Boden der Voliere muß stets sauber sein. Am besten bringt man eine etwa 20 cm dicke Kiesschicht als Bodenbelag ein. Die Kiesschicht wird häufig ausgeharkt, der Regen sickert durch sie hindurch. Außerdem dient sie den Tauben zur Aufnahme kleiner Magensteinchen, auch dann, wenn man ihnen Taubenkuchen oder Grit zur Verfügung stellt. Wird der Volierenboden dunkel oder schmierig, muß er schnellstens gegen eine neue Kiesschicht ausgewechselt werden.

Bei schönem Wetter kann man die Tauben in der Voliere füttern und tränken, vor allem dann, wenn man die Voliere vom Garten oder vom Wohnzimmerfenster aus beobachten möchte. Es wird jedoch geraten, von außen keine Tür einzubauen, sondern die Voliere vom Schlag aus zu betreten. Nur, wenn dies nicht möglich ist, baut man eine Doppeltür mit Schleuse ein, so daß auch beim Eintritt immer eine der beiden Türen verschlossen ist. Die äußere Volierentür muß immer sehr sorgfältig abgeschlossen werden, damit niemals Tauben entweichen und niemals ungebetene Gäste eindringen können.

Zur Verschönerung des Anblicks kann man die Außenseiten einer Voliere mit Büschen und Blumen bepflanzen. Einige immergrüne Büsche lassen die Anlage auch im Winter gepflegt aussehen. Eine Bepflanzung im Innern der Voliere ist problematisch, da die Pflanzen sehr leicht von den Tauben beschmutzt oder angefressen werden. Außerdem wird die Reinigung des Volierenbodens erschwert. Bei Auswahl geeigneter Pflanzen, die an einer Stelle, an der die Tauben nicht sitzen können, in abgeteilte Beete gepflanzt werden, kann eine Begrünung zur Attraktivität beitragen.

Kauf eines Fertigschlages

Viele Herstellerfirmen liefern fertige Taubenschläge in jeder Größe und mit vollständiger Inneneinrichtung. Für Taubenzüchter, die handwerklich ungeschickt sind oder keine Zeit für einen Auf-, Um- oder Ausbau haben, ist dies gewiß eine einfache, zeitsparende und gute Lösung. Auf Wunsch wird nach Bestellung der ausgewählte Taubenschlag mit Voliere und mit fertiger Inneneinrichtung schlüsselfertig aufgebaut. Der Bauherr muß lediglich für die Bereitstellung des Geländes und eine termingerechte Ausfertigung einer Baugenehmigung durch die Baubehörde sorgen. Wenn im örtlichen Bebauungsplan die Kleintierhaltung ausdrücklich erlaubt ist und der Schlag auf einer als bebaubar ausgewiesenen Fläche stehen soll, ist dies kein großes Problem.

Inneneinrichtung

Inneneinrichtungen für Taubenschläge sind im Prinzip für alle Rassen gleich, sie weisen aber in Einzelheiten Unterschiede

Inneneinrichtung eines Zuchtschlages mit verschließbaren Nistzellen (nach Steinhöfer), Futtertrog, Tränke und Ein-/Ausflug.

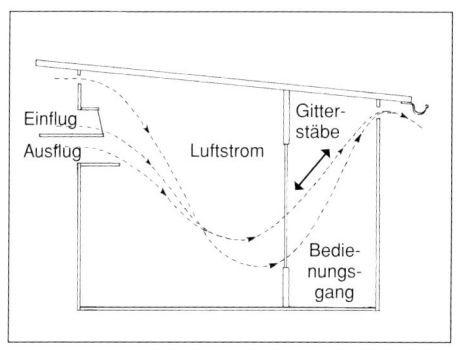

Entlüftung ohne Zugluft.

auf. Diese sind schon durch die Größe der Tauben bedingt. Ebenso benötigen federfüßige Tauben mehr Platz als glattfüßige Rassen. Es ist nicht möglich, in diesem Rahmen auf alle Besonderheiten für große und kleine Tauben, Strukturtauben, Hochflugtauben und andere einzugehen. Wer spezielle Rassen halten möchte, sollte sich die Einrichtung und die Schlagführung bei anderen Züchtern mit Tauben der gleichen Rasse ansehen. Dabei lernt man am meisten und man kann sogar versuchen, einen gesehenen Einrichtungsgegenstand, sei es ein Futtertrog oder ein Tränkenhalter oder eine Nestvorderfront, selbst im eigenen Schlag noch taubengerechter und noch pflegeleichter einzubauen. So entstehen Schlageinrichtungen, die auf die Bedürfnisse eines jeden Züchters und seiner Rasse optimal abgestimmt sind. Im folgenden werden einige altbewährte Hinweise für den Einbau guter, brauchbarer Schlageinrichtungen gegeben.

Die einzelnen Schläge oder Abteilungen eines Taubenschlages sollen möglichst gerade Wände aufweisen. Das ist natürlich in Dachschrägen nicht immer möglich. Wände sollen aus festem Material bestehen, wie Mörtelputz, Holz oder Hartfaserplatten (ohne Formaldehyd). Besteht der Fußboden aus Dielen oder aus Beton, so kann man ihn mit großflächigen Spanplatten auslegen. So erhält man Flächen mit wenigen Stößen. Sie sind immer trocken, isolieren gut und lassen sich mit einem langstieligen Bodenschaber einfach und schnell reinigen. Am besten wird der

Breiter, bequemer Ausflug vom Schlag zur Voliere mit großem Anflugbrett.

Offenes Fensterloch zum freien Durchflug vom Schlag in die Voliere.

nackte Schlag zunächst einmal mit weißer Binderfarbe gestrichen. Dann erfolgt der Einbau der Inneneinrichtung.

Einflüge

Es gibt sehr viele verschiedene Einflüge. Am einfachsten ist ein rechteckiges Loch in der Wand, etwa 50 × 30 cm groß. Es wird verkleidet und innen und außen mit einem Anflugbrett versehen. Große Anflugbretter an der Außenseite bewirken, daß die Tauben aus der Luft direkt auf dem Brett landen und schnell in den Schlag hineingehen. Mit einem Seiten-

schieber wird der Ausflug verschlossen. Niemals soll man Verschlußklappen bauen, die von oben herabfallen können. Die Folge kann sein, daß die Klappe durch Verschleiß unbemerkt zufällt, den Tauben dadurch nicht genug Futter und Wasser zur Verfügung steht und sie Schaden erleiden. Man kann auch einen Einflug und einen Ausflug übereinander anbringen.

Pendeleinflüge

Bringt man am Einflug eine Pendelreihe an, so kann man die Tauben nach Wunsch hinaus- und hereinlassen. Pendel sind et-

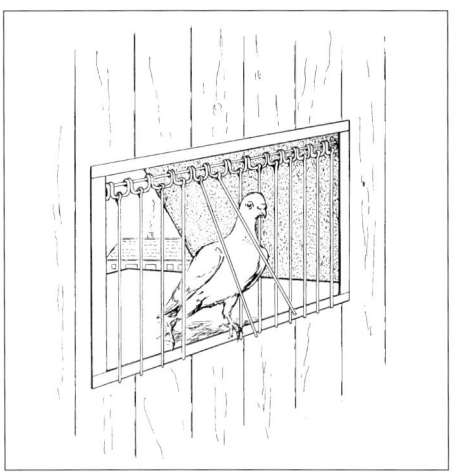

Pendeleinflug.

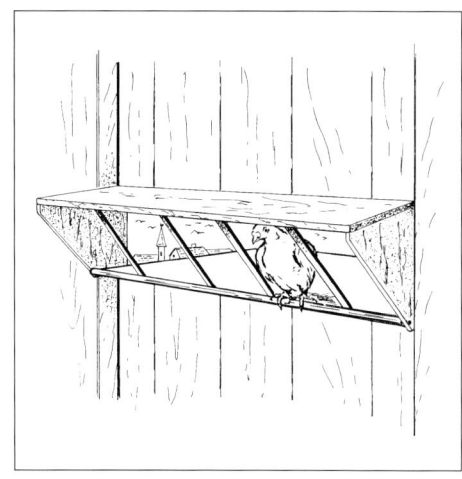

Einsprung.

wa 30 cm lang und im Kopf 4 cm breit. Man reiht sie auf eine Drahtachse auf und befestigt diese in der Einflugöffnung. Können sich die Pendel frei bewegen, so gehen die Tauben in beiden Richtungen hindurch. Befestigt man etwa 1 cm über dem Einflugboden direkt vor oder hinter den Pendeln eine schmale Leiste, so können die Tauben entweder nur hinaus oder nur hereingehen. Steckt eine Taube ihren Kopf zwischen zwei Pendel und geht hindurch, so schlagen die berührten Pendel beim Durchgang hoch und fallen in ihre senkrechte Stellung zurück.

Pendeleinflüge werden von den Tauben gern angenommen. Läßt man die Tauben zum täglichen Freiflug vor der Fütterung hinaus und stellt die Pendel am Einflug auf „Fang", so werden die Tauben nach Beendigung des Fluges recht zügig auf das An-

flugbrett fliegen und zur Futteraufnahme durch die Pendel in den Schlag zurückkehren. Sie sind somit wieder eingesperrt. Man vermeidet damit, daß die Tauben stundenlang auf den Dächern herumsitzen.

Sprungeinflüge

Viel häufiger sieht man die sehr einfach gebauten Sprungeinflüge. Bei ihrem Einbau darf das Anflugbrett nicht in das Schlaginnere hineinragen. Vielmehr muß es mit der Innenwand abschneiden. Über die gesamte Breite des Einflugloches werden 11 cm breite Einfluglöcher angebracht, die nur durch Leisten oder Metallrohre unterteilt sind. Diese Unterteiler stehen aber nicht senkrecht im Einflug.

Vielmehr sind sie schräg angebracht, so daß sie oben etwa 5 cm in den Schlag hineinragen und unten mit dem Einflugbrett abschließen. Die hereinkommenden Tauben gehen in eines dieser Löcher und springen nach unten in den Schlag hinein. Häufig ist an der Absprungkante eine drehbare Rolle von etwa 3 cm Durchmesser befestigt, auf die sich die einspringende Taube stellt und beim Absprung leicht nach unten dreht. Will eine Taube durch ein gleiches Einsprungloch wieder hinaus, so fliegt sie dieses an und versucht mit den Füßen an der Rolle Halt zu bekommen. Da sich die Rolle beim Anfliegen nach innen dreht, bleibt ihr Schwerpunkt außerhalb des Einfluglochs und sie fällt in den Schlag zurück. Daß sie auf diese Weise nicht hinauskommen können, merken die Tauben sehr schnell, so daß derartige Versuche bald unterbleiben. Will man die Tauben zum Freiflug hinauslassen, so klappt man die an einem Scharnier befestigte gesamte Einflugfront einfach herunter.

Bei anderen Konstruktionen können die Tauben durch einen zusätzlich eingebauten Ausflug mit Verschlußklappe hinausgelassen werden. Die Breite der Durchgangsöffnung von 11 cm gilt für alle mittelgroßen Tauben. Hat man größere oder kleinere Tauben, muß die Durchgangsöffnung entsprechend verändert werden.

Ab und zu sieht man auch Einflüge, die keine senkrechten Abtrennungen haben. Ein schräg nach unten hängendes Brett über dem inneren Einflug ragt soweit herunter, daß es nur einen etwa 12 cm breiten Schlitz für die auf dem Anflugbrett stehenden Tauben offen läßt. Wollen sie in den Schlag hinein, müssen sie sich durch die Öffnung nach unten fallen lassen. Je nach Größe der Tauben müssen die Einsprungschlitze enger oder weiter eingestellt werden. So sind sie für die Haltung jeder Rasse geeignet.

Bei Haltung von Wettflugtauben kann man am Einflug mechanisch auslösbare Klingelanlagen anbringen, die von den heimkehrenden Tauben ausgelöst werden. Hierdurch wird ihre Ankunft gemeldet und ihre Ankunftszeit kann durch das Einlegen eines von der Taube am Fuß mitgebrachten Gummiringes in eine Konstatieruhr auf die Sekunde genau ermittelt werden. Eine Weiterentwicklung von Meldevorrichtungen sind Lichtschranken, durch deren Unterbrechung durch die heimkehrenden Tauben der Alarm ausgelöst wird. Seit dem Jahr 1995 gibt es elektronische Meldesysteme, bei denen die Rückkehr jeder Taube durch die Nähe ihres elektronischen Fußringes zu einem Sensor im Einflug des Schlages automatisch registriert wird. Bei dieser Vorrichtung muß der Züchter bei Rückkehr der Tauben vom Wettflug zur Konstatierung der Ankunftszeit nicht mehr unbedingt anwesend sein. Der Sensor muß aber so am Einflug angebracht sein, daß der elektronische Ring von ihm auch zuverlässig erfaßt wird. So wird das schnelle Erfassen der Ankunftszeit vereinfacht. Eine zu späte Konstatierung durch Einstecken eines Gummiringes in die Konstatieruhr entfällt. Die Auswertung erfolgt mit einem Computer.

Nistzellen

Die Nistzelle ist das Zuhause eines jeden Brutpaares. In ihr haben andere Tauben nichts zu suchen, und Eindringlinge werden sowohl vom Männchen wie vom Weibchen mit äußerstem Einsatz wieder hinausbefördert. Dabei kann es zu intensiven Kämpfen mit Kopfverletzungen kommen. Normalerweise sucht ein Eindringling bei derart massiver Bekämpfung schnell das Weite. Der Größe der Tauben entsprechend sollte eine Nistzelle immer so groß sein, daß beide Tiere bequem in ihr sitzen und brüten können. Da das nächste Gelege bereits wieder im Nest liegt, wenn die Jungen noch nicht flügge sind, muß in der Nistzelle Platz für zwei Nistschalen sein. Diese können durch eine Halbwand abgetrennt nebeneinander stehen. Es gibt auch Nistzellen, in denen beide Nistschalen übereinander angebracht sind.

Ist nur eine Nistschale vorhanden, legt das Weibchen die Eier der nächsten Brut

Nistzelle mit zwei Etagen, Nistschale und Wellpappe als Unterlage für den Kot.

auch in diese, neben die heranwachsenden Jungtiere. Die Eier können dabei verschmutzt oder beschädigt werden.

Für mittelgroße Tauben haben sich Nistzellen mit Maßen von 30 × 60 cm gut bewährt. An der größten Wandfläche werden die Nistzellen so angebracht, daß sie die gesamte Wand ausfüllen. Man kann die Maße dabei etwas variieren, damit die Wand in voller Breite ausgefüllt wird. Zweckmäßigerweise stellt man beim Bau zunächst 30 cm breite Spanplatten, die vom Boden bis zur Decke reichen, senkrecht auf. Sodann schraubt man Halterungen an ihnen fest, auf die man passende Nistzellenböden legen kann. Weil junge Täuber, die eine Nistzelle in Fußbodenhöhe besitzen, gern den gesamten Schlagfußboden beherrschen möchten, läßt man die untere Reihe frei. Man kann sie abdichten, um hier einmal bei Bedarf Tiere einzusperren. Man kann sie aber auch als Schlagfußboden nutzen. Die untere Nist-

◁ Nistzellenwand mit verschließbaren Nistzellen, Nistschalen, herausnehmbaren Drahtböden, Kotböden und Sitzleisten. Eine vorbildliche Anlage in einem Brieftaubenschlag. Jede Nistzelle ist mit einem Brutpaar besetzt. Die Nistzellen sind mit zwei Klappen verschließbar; diese lassen sich wechselseitig öffnen. Die Nistschalen stehen auf einem festen Drahtboden, durch den der Kot hindurchfallen kann.

39

zellenreihe beginnt somit erst in etwa 30 cm Höhe. Die Zellenfront kann sehr unterschiedlich gestaltet werden. Am einfachsten sind mit Kunststoff ummantelte Drahtgitter mit verschließbarer Eingangsöffnung. Doch gibt es viele verschiedene Holz- und Drahtgitterkonstruktionen. Wichtig ist, daß die Tauben ihre Nistzelle einwandfrei anliegen können, daß man den Zelleneingang verschließen und daß man jede Nistzelle, ohne um die Ecke greifen zu müssen, schnell und einfach säubern kann. Bei der Paarung ist es wichtig, zunächst jedes zusammenzuführende Zuchtpaar in seiner Zelle einzusperren und dort bei Zellenfütterung einige Tage zusammenzulassen, bis es sich sicher gepaart hat.

Nistzellen mit Drahtboden

Damit Nistzellen immer sauber bleiben, kann man über dem Zellenboden einen Kasten einbauen, der mit einem festen, nicht nachgebenden Drahtboden abgedeckt wird. So kann der von den Jungen bei der Aufzucht über den Nistschalenrand reichlich abgesetzte Kot nach unten in den Kasten fallen. Dieser läßt sich durch Herausziehen leicht säubern. Wichtig ist, daß der Drahtboden nicht wackelt und schaukelt, wie es bei Maschendraht der Fall ist. Haustauben stammen von den Felsentauben ab, die niemals in schwankenden Bäumen brüten, und so legen Haustauben ihre Eier auch nicht in schwankende Nistschalen. Sie legen dann

die Eier lieber neben die Nistschale, direkt auf den Draht. Durch die Verwendung eines starken, starren Drahtgitters wird ein derartiger Mißstand von vornherein vermieden. Eine etwa 8 cm breite Holzleiste sorgt dafür, daß die Eltern bequem an der Nestvorderfront sitzen können. Mechanisch läuft die Reinigung, wenn unter dem Drahtgitter ein Kotband angebracht ist, mittels dessen der anfallende Kot täglich oder mehrmals täglich von Hand durch Abdrehen des Kotbandes oder automatisch durch einen Elektromotor mit Zeitschaltuhr, entfernt wird. Drahtböden tragen zu einer deutlichen Verbesserung der Hygiene bei. Eine gründliche Reinigung der Nester mit einem Spachtel bleibt dem Züchter vorbehalten.

Nistschalen

Normale Nistschalen haben einen Durchmesser von 22 cm. Für große Rassen gibt es Übergrößen. Die Nistschalen werden bei der Anpaarung in die Nester hineingestellt und von den Tauben gern als Brutstätte angenommen. Sobald der Täuber mit dem Treiben beginnt, legen sich beide Tiere abwechselnd in die Nistschale und beginnen anschließend die Nistschale mit Stroh, Reisig, Federn und anderem auszufüllen. Nistschalen sind so konstruiert, daß sie nicht kippen, wenn die Tauben ihre Füße auf den Rand setzen und mit ihrem ganzen Körpergewicht die Nistschale einseitig belasten. Übliche Nistschalen werden aus Ton, Holz und Kunststoffregenerat hergestellt. Für die Aufzucht gibt es spezielle Nistschaleneinlagen aus Pappe. Sie werden nur einmal benutzt und zusammen mit dem Kot kompostiert. Ebenfalls bewährt haben sich Wegwerfnistschalen aus Pappe, die auch nur einmal verwendet werden, um die Aufzucht so hygienisch wie möglich zu gestalten.

Beginnt man bereits im Dezember mit der Brut, so stehen die kältesten Wintertage noch bevor. Unter dieser Bedingung ist es wichtig, entweder den ganzen Schlag zu heizen, jedenfalls soweit, daß er keine Minustemperaturen aufweist, oder aber heizbare Nistschalen zu verwenden. Elektrische Schlagheizungen mit Temperatureinstellung werden im Fachhandel angeboten. Sie werden im Schlag oder im Futtergang, vor den Tauben geschützt, aufgestellt und an eine Steckdose angeschlossen. Bei den heizbaren Nistschalen wird der Nistschalenboden ohne Temperaturregler mäßig erwärmt. Dies ist vor allem wichtig, wenn die Jungtiere etwa acht Tage alt sind, weil die Eltern sie dann nicht mehr ständig wärmen und ihnen sehr niedrige Lufttemperaturen schaden.

Futtertröge

Die Verabreichung des Futters wird unterschiedlich gehandhabt. Bei einfacher Taubenhaltung wird das Futter täglich vor dem Schlag auf den Boden gestreut. Bei regelmäßiger Fütterung lernen die Tauben sehr schnell, wann die Futterzeit herannaht; sie sind dann immer rechtzeitig zur Stelle. Das Futter kommt bei dieser Art der Fütterung mit dem Kot in Berührung, was die Ansteckungsgefahr mit Infektionskrankheiten erhöht. Das gleiche gilt, wenn man den Tieren das Futter lose auf den Schlagboden wirft, selbst wenn dieser vorher gereinigt wurde. Daher ist die Fütterung aus geeigneten Trögen zweckmäßiger.

Bewährt haben sich flache Tröge mit 3–4 cm hohen Seitenwänden und in Längen von 40–100 cm. Über diesen Trögen befindet sich ein Schutzgitter aus Drahtbügeln. Der Abstand zwischen den Drähten beträgt etwa 4 cm, so daß die Tauben zum Fressen ihren Kopf hindurchstecken können, ein Beschmutzen des Futters mit den Füßen aber vermieden wird. Bei ähnlichen Futtertrögen befindet sich über dem Schutzgitter eine sich drehende Rolle. Sie verhindert, daß sich die Tauben über dem Futter niederlassen, da sie beim Anfliegen von der sich drehenden Rolle herunterfallen. Tauben neigen dazu, einen Teil des Futters durch schnelle Schnabelhiebe nach den Seiten wegzustoßen. Durch die Seitenwände wird ein Hinausfallen des Futters aus dem Trog verhindert. Um das Hinauswerfen zusätzlich zu erschweren, kann man an der Innenkante der Trogseitenwände etwa 1 cm breite Leisten anbringen.

Kleinere Tröge ähnlicher Bauart von etwa 20 cm Länge werden für das Verabreichen von Gritsteinen oder körnigen Gritmischungen benutzt. Durch die Kante des Troges wird ein Beschmutzen seines Inhaltes durch die Füße verhindert. Somit

Alt- und Jungtauben (Brieftauben) in einem auf einem Dachboden ausgebauten Taubenschlag.
Einstreu aus Hobelspänen hält den Schlagboden trocken und die Füße der Tauben sauber.
Sitzdächer und ein Sitzregal dienen als Ruheplatz. Die Fütterung erfolgt in Futtertrögen mit
Drahtbügeln. Durch sie wird Futtervergeudung und -verschmutzung vermieden.

steht den Tauben ständig eine saubere Gritmischung zur Verfügung.

Futterautomaten

Um nicht zu jeder Mahlzeit das Futter zu den Tauben hintragen zu müssen und um die Tauben auch bei Abwesenheit des Züchters ordnungsgemäß zu versorgen, werden Futterautomaten verschiedener Bauart eingesetzt. Es gibt solche, bei denen das Futter von selbst nachrutscht und den Tauben damit ad libitum zur Verfügung steht. Andere haben einen mit einer Zeitschaltuhr gesteuerten Motor, der bewirkt, daß eine bestimmte Futtermenge aus einem Vorratsbehälter zu ganz bestimmten Zeiten in den Trog fließt.

Futterautomaten können rund oder rechteckig sein. Beliebt sind rechteckige Futterautomaten, bei denen das Futter von oben aus einem konischen Vorratsbehälter nach zwei Seiten in die Freßrinnen nachläuft. Solche Futterautomaten aus Spanplatten oder Holz sind etwa 40–60 cm lang, 35 cm breit und 50 cm hoch. Sie fassen etwa 10–12 kg Futter. Wichtig ist bei ihrem Bau die Einhaltung bewährter Abmessungen, damit das Futter einwandfrei nachläuft und beim Fressen nicht über die Kante geworfen wird. Nach oben wird dieser Futterautomat mit einem Deckel abgeschlossen, der in seiner Breite über die Freßrinnen hinausragt, um ein Beschmutzen des Futters von oben zu verhindern. Die Fläche dieses Deckels ist damit größer als die Grundfläche, auf der

Gritfutterautomat (oben) und runder Futterautomat aus Kunststoff (unten).

der Futterautomat steht. Da die Tauben gern darauf sitzen, wird durch den Automaten die Bodenfläche praktisch nicht verringert. Je nach Bedarf kann man den Automaten für eine Mahlzeit oder für mehrere Mahlzeiten mit Futter befüllen.

Neben den rechteckigen Automaten gibt es auch Rundautomaten aus Metall. Sie sind für Stand- und für Mahlzeitenfütterung geeignet. Die Zuteilung erfolgt über ein Rührwerk, das von einem Motor mit Zeitschaltuhr betrieben wird.

Bei Dauerfütterung muß man darauf achten, daß die Tiere nicht zu fett und zu

43

Tränke aus Kunststoff (oben) und Glastränke mit Keramikunterteil (unten).

ein und verschmutzen sie mit ihren Läufen. Bewährt haben sich Vorratstränken aus Kunststoff, Glas oder Steingut. Früher gab es auch Stülptränken aus Kupferblech. Man verwendete sie, weil sich an ihren Wänden keine Algen ansetzen. Bei guter Reinigung entfällt dieses Argument.

Die Stülptränken bestehen aus einem Oberteil mit 2,5 oder 5 l Fassungsvermögen und einem Unterteil mit vier Öffnungen, in die die Tauben beim Trinken ihren Kopf stecken und das Wasser saugend aufnehmen.

Zum Schutz gegen Verschmutzung gibt es auch Unterteile mit Staubschutzklappen vor den Trinköffnungen. Die Tauben lernen sehr schnell, diese Klappen mit dem Schnabel zum Saufen zur Seite zu drücken. Beim Befüllen wird das Oberteil auf den Kopf gestellt und mit Wasser gefüllt, sodann wird das Unterteil aufgesteckt und die Tränke umgedreht. Nun kann das Wasser aus dem Oberteil in das Unterteil bis zur Höhe eines Lufteinlaßloches einlaufen.

Die Tränke wird etwas erhöht aufgestellt, damit das Wasser vor Schmutz vom Fußboden geschützt ist. Zur Erhöhung eignen sich spezielle Tränkenständer oder eine umgedrehte Nistschale.

Lediglich für frisch abgesetzte Jungtiere verwendet man offene Trinkgefäße, da die Jungen das Trinkwasser so schneller finden und leichter das selbständige Saufen lernen. Schon zwei bis drei Tage nach dem Absetzen kann man die üblichen Tränken verwenden, muß dies aber bei jeder Taube gewissenhaft kontrollieren.

träge werden. Während der Zuchtzeit ist diese Gefahr nicht sehr groß. Auch eifrige Flieger neigen nicht zur Verfettung. Eine Verfettung kann man aber auch durch Verwendung eines Futters mit geringer Nährstoffkonzentration verhindern.

Tränken

Trinkwassergefäße müssen so beschaffen sein, daß die Tauben immer frisches, sauberes Wasser zur Verfügung haben. In offene Gefäße laufen die Tauben sofort hin-

44

Ein gründliches Reinigen der Tränken sollte bei jeder Befüllung selbstverständlich sein, da gerade über das Trinkwasser Infektionskrankheiten übertragen werden können.

Sitzgelegenheiten

Jede Taube sollte im Schlag ihre Sitzgelegenheit haben. Bei Brutpaaren können dies die Nistzellen sein, aber auch Jungtiere und nicht brütende Tauben benötigen ihren Sitzplatz, auf dem sie sich wohl fühlen und auf den sie sich zurückziehen können. Am einfachsten sind Sitzstangen oder -bretter, die mindestens 3 cm breit sein müssen, damit die Füße der Tauben auf ihnen Platz haben. Solche Sitzstangen werden selten in Schlägen angebracht. Häufiger sieht man sie in Volieren. Bei ihnen gibt es ein Problem. Befinden sich Tauben direkt unter der Sitzstange, so können sie mit herabfallendem Kot beschmutzt werden. Deshalb verwendet man sie am häufigsten in einer Voliere mit Drahtboden über den Stellen, an denen sich die Tauben normalerweise nicht aufhalten.

Runde Sitzteller mit einem Durchmesser von 10–15 cm werden gern für große und für belatschte Tauben sowie für Kröpferrassen verwendet. Diese Tiere benötigen eine größere Fläche, auf der sie sich wohl fühlen. Sie zeigen sich hier in voller Schönheit und können sich bei Einhaltung eines ausreichenden Abstandes nicht gegenseitig ins Gehege kommen.

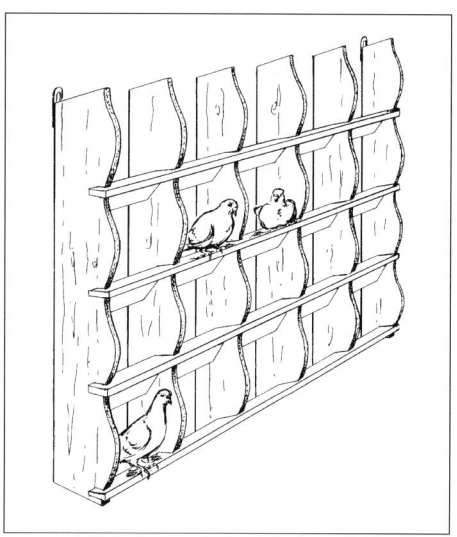

Sitzregal mit schrägen Kotbrettern.

Am häufigsten sieht man in den Schlägen einfache Sitzdächer. Sie werden aus zwei etwa 25 cm langen und 12 cm breiten Brettern rechtwinklig zusammengeschraubt. An ihrer Spitze wird ein etwa 3–5 cm breites Sitzbrett waagerecht angebracht. Von diesen Sitzdächern kann man beliebig viele senkrecht übereinander und nebeneinander an den Wänden anbringen. Der Kot fällt auf die Schräge oder rollt sogleich auf den Fußboden, aber die Tauben kommen mit dem Kot nicht in Berührung und haben stets ein sauberes Gefieder. Wählt man den Abstand groß genug, können sich die Tauben von ihrem Platz aus auch nicht gegenseitig bekämpfen.

Sehr bewährt haben sich auch Sitzregale. Bei ihnen sind 20 cm tiefe Wände aus

45

Szegediner Tümmler auf abgerundeten Sitztellern mit Kotabweisplatte.

Holz oder Spanplatten in etwa 20 cm Abstand senkrecht an einer Wand angebracht. Zwischen jeweils zwei Wänden befinden sich mit 20 cm Höhenabstand um 45 Grad nach hinten geneigte Kotabweisbretter mit waagerechter, 3,5 cm breiter Sitzplatte. Nach kurzer Gewöhnung fliegt jede Taube einen dieser Sitzplätze an, dreht sich um und schaut mit dem Kopf nach vorne heraus. Der Kot fällt nach hinten auf die Schräge und kommt mit der Taube nicht in Berührung. Hat das

Sitzregal nach hinten zur Wand etwa 3 cm Abstand, kann der Züchter den Kot mit einem Spachtel nach hinten wegstoßen und unter dem Sitzregal am Fußboden aufnehmen. Sitzregale mit automatischer Kotentfernung haben anstelle des schrägen Kotabweisbrettes einen waagerechten Drahtboden, durch den der Kot auf ein Fließband fällt, von dem er täglich durch einen Motor mit Zeitschaltuhr wegbefördert werden kann.

Drahtfußboden

Um die Tauben weitestgehend von ihrem Kot fernzuhalten und so die Ansteckungsgefahr zu vermindern, kann man den Schlagboden mit begehbaren Drahtrahmen auslegen. Diese sind etwa 10 cm hoch. Der Kot fällt durch das Drahtgitter und sammelt sich darunter auf dem Schlagboden, von dem er in geeigneten Zeitabständen entfernt werden muß. Dies dient der Hygiene und damit der Gesunderhaltung der Tauben und erspart die tägliche Reinigung. Die Tauben gewöhnen sich schnell an diesen Boden und laufen problemlos auf ihm herum. Begehbar wird der Drahtboden für den Züchter durch die Rahmen, die ensprechend stabil gebaut sein müssen.

Spaltenboden

Parallel zum Drahtfußboden gibt es den Spaltenboden aus Holz und aus Kunststoff. Auf einem festen Rahmen werden

Ein begehbarer, herausnehmbarer Spaltenboden, hier mit Futtertrog und Glaskeramik-Tränke, ist stets sauber und hygienisch.

über die gesamte Schlagbodenfläche etwa 1,5 cm breite Leisten mit gleich breiten Zwischenräumen befestigt. Der Rahmen liegt 10–20 cm über dem Schlagboden und wird bei der Reinigung herausgenommen. Die Tauben sitzen gern auf den Spalten, ihr Kot wird in die Spalten hineingetreten und muß von Zeit zu Zeit entfernt werden.

Gummifußboden

Bei diesem Fußboden wird in Abständen von 4 cm ein Gummiband etwa 10 cm über dem Schlagboden gespannt. Da die Tauben als Abkömmlinge der Felsentauben jeden beweglichen Untergrund meiden, setzen sie sich lieber auf ihren eigenen Sitzplatz ins Sitzregal oder in ihre Nistzelle, so daß Rangkämpfe mit Kopf-

verletzungen und zerschlissenen Federn auf dem Schlagfußboden nicht mehr stattfinden. Die Tauben sind ruhiger und friedlicher und konzentrieren sich mehr auf ihren Partner. Ist die Gummibandbespannung auf einem Rahmen befestigt, ist sie für den Züchter begehbar und läßt sich bei Reinigung des Schlages einfach entfernen. Es ist selbstverständlich, daß um die Futtertröge und um die Wassertränken herum eine ausreichend große, feste Lauffläche vorhanden sein muß.

Fußbodenheizung

In den feuchten Monaten ist es nicht leicht, den Fußboden so trocken zu halten, wie man ihn gerne haben möchte. Dabei ist nicht nur der Fußboden, sondern die gesamte Schlagluft durch die feuchte

Außenluft in einem Zustand, der das Antrocknen des Kotes verhindert. Um auch unter diesen Umständen einen trockenen Schlagfußboden zu erreichen, kann man Fußbodenplatten, in denen Heizschnüre verlegt sind, auslegen. Durch die Erwärmung trocknet nicht nur der Kot, sondern gleichzeitig wird auch die Schlagluft verbessert. So schafft man für die Tauben eine gesündere und angenehmere Atmosphäre. Beim Verlegen der Fußbodenheizung werden Teilstücke aneiandergelegt und die Heizungskabel miteinander verbunden. Alle Anlagen müssen unbedingt den VDE-Vorschriften entsprechen.

Tiefstreu

Eine andere Möglichkeit ist die Bereitung einer Tiefstreu. Ihre Einrichtung erfolgt am besten im Frühjahr oder im Sommer. Man bestreut den Fußboden zunächst mit einer etwa 5 cm dicken, feinen Sandschicht und bringt darauf eine etwa 3 cm dicke Schicht eines porösen, zerbröckelten Minerals auf, wie es im Fachhandel auch als Katzenstreu angeboten wird. Das poröse Mineral saugt jegliche Feuchtigkeit in seiner Umgebung auf, so daß die Tiefstreu sehr schnell pulverig-trocken wird. Weil die aufgesaugte Feuchtigkeit im Mineral auf einer großen Oberfläche verteilt

wird, verdunstet sie sehr schnell. Die Tauben vermischen Sand und Oberschicht miteinander. Der anfallende Kot wird durch die aufsaugende Wirkung getrocknet und zerfällt. Es bilden sich kotverarbeitende Bakterien, so daß man schon nach kurzer Zeit keine Kotteile mehr erkennen kann. Die Einstreu wird staubtrocken. Man muß sie jedoch durchharken und grobe Teile aus ihr entfernen.

Die Gefahr einer Infektion mit Wurmeiern und Kokzidienoozysten ist theoretisch gegeben. Deshalb sollte man den Gesundheitszustand der Tauben ständig beobachten und sich über eine Kotuntersuchung vergewissern. Doch nach den gemachten Erfahrungen ist eine Infektion der Tauben nicht häufiger als in Schlägen, die täglich gereinigt werden, denn auch die Reinigung erfolgt nur alle 12 bis 24 Stunden. Dabei bleiben immer kleine Kotreste zurück und in der Zwischenzeit kommen Läufe und Schnäbel auch mit dem abgesetzten Kot in Berührung. Bei sorgfältiger Haltung der Tiere ist auch der Ansteckungsdruck über eine Tiefstreu nicht größer als in einem täglich gesäuberten Schlag. Dies sind jedenfalls die bisherigen Erfahrungen, die weiter vertieft werden müssen. Dabei sei erwähnt, daß die Tiefstreu in der Legehennenhaltung schon seit Jahrzehnten erfolgreich praktiziert wird.

Taubenhaltung

Kontrollierte Haltung

Alle Haustauben lassen sich an einen Taubenschlag gewöhnen. Sie gehen freiwillig hinein, sie brüten in ihm und sie beanspruchen einen festen Sitzplatz, auf dem sie die Nacht verbringen. Wird dieser Schlag sauber gehalten und werden die Tauben in ihm gefüttert und getränkt, so sehen sie ihn als ihr Zuhause an und gewöhnen sich an die sie betreuenden Menschen. Dies gilt für alle Rassetauben und für alle rasselosen Tauben in gleicher Weise. Besitzt der Einflug eine Vorrichtung, bei der die Tauben in den Schlag hineingehen, aber nicht wieder herauskommen können, so hat man sie fest im Griff.

Sehr viel einfacher ist die Haltung der Tauben natürlich in einem Schlag mit angeschlossener großer Voliere. Darin können die Tauben hin- und herfliegen, man kann sie jederzeit beobachten und man ist sicher vor Verlusten durch Einflüsse von außen. Hat man Krankheiten durch systematische Impfungen und Kuren über den Zusatz von Medikamenten zum Futter oder zum Trinkwasser (siehe Krankheiten) weitgehend im Griff, so sind Verluste durch Verletzungen oder durch Krankheiten äußerst selten.

Man kann bei stets ruhiger Behandlung alle Tauben von ihren Sitzplätzen in die Hand nehmen und beurteilen. Sind zugekaufte Tauben das Greifen und in die Hand nehmen nicht gewohnt, so sollte man hiermit in der dunklen Tageszeit anfangen. Nach einiger Zeit haben sie sich an die menschliche Nähe gewöhnt. So kann man die Tauben führen, das heißt, man kann sie so halten, daß sie genau das tun, was der Züchter unter Ausnutzung aller ihrer Eigenschaften möchte. Dazu gehören Rundflüge, wenn man sie gemeinsam hinausläßt, und ein schnelles wieder Hineingehen in den Schlag, wenn man sie hungrig hinausläßt und sie nach dem Rundflug regelmäßig zur gleichen Zeit zur Fütterung hereinruft, denn Tauben haben ein gutes Zeitempfinden.

Ein weiterer Aspekt ist das gezielte Züchten mit geeigneten Zuchtpaaren. Dabei werden die Zuchtpaare so zusammengestellt, wie der Züchter dies nach seinem Zuchtplan vorweg bestimmt hat. Unter Beachtung bestimmter Haltungsbedingungen läßt sich dies, von wenigen Ausnahmen abgesehen, immer erreichen.

Haltung rasseloser Haustauben

Vielerorts werden, vor allem in den Dörfern, in Stallgebäuden und Scheunen rasselose Tauben gehalten. Man kümmert sich wenig um sie, möchte sie aber dennoch als liebgewordene Haustiere nicht missen. Solche Tauben sitzen häufig auf Balken oder in Nischen, um hier zu brüten oder die Nacht vor Katzen und anderen Vogeljägern geschützt, sicher zu verbringen. Häufig fressen sie mit aus dem Futtertrog der Hühner. Ihre Lebensfreude und ihr Imponiergehabe machen sie zu Freunden der Menschen, zu deren Anwesen sie gehören. Ihre Jungtiere werden, wenn sie erreichbar sind, gern geschlachtet, so daß sie den Küchenzettel auf angenehme Weise bereichern. Das größte Problem stellt die Kotverschmutzung durch die Nester, die Ruheplätze und andere Sitzplätze dar. Häufig sind unangenehme Verschmutzungen an unerwünschten Plätzen ein Grund für die Abschaffung solcher Tauben. Andererseits ist es möglich, die Tauben durch einfache Maßnahmen von solchen Plätzen fernzuhalten, indem man Orte, die sie nicht anfliegen oder an denen sie nicht sitzen sollen, mit dünnen Drähten bespannt, die ihnen einen Aufenthalt unmöglich machen.

Ein mit Kunststoff ummantelter Draht wird etwa 5 cm über dem jeweiligen unerwünschten Sitzplatz gespannt und macht damit ein Niederlassen der Tauben unmöglich. Glaslose Gebäudeöffnungen, wie man sie an Türmen oder großen Gebäuden sieht, sowie Luftlöcher, die nicht als Einflug dienen sollen, werden mit Maschendraht abgedichtet, so daß der Luftdurchtritt voll erhalten bleibt. Unerwünschter, nach unten fallender Kot, vor allem an oder in Gebäuden mit anderer Nutzung, kann durch Auffang- oder Abweisbretter aufgefangen werden.

Besser wäre es natürlich, für diese Tauben einen einfachen Schlag mit Nistzellen und Sitzgelegenheiten zu schaffen. Solche Schläge lassen sich mit wenigen Mitteln erstellen.

Das Aussehen dieser Haustauben hängt immer von den Ausgangstieren ab. Häufig sind es entflogene Rassetauben, die nun durch Kreuzungen ihre ganze genetische Vielfalt in Erscheinung treten lassen. Flinke, gewandte Flieger werden sich dabei immer gegenüber schwerfälligen Tauben durchsetzen, da sie allen Nachstellungen besser entfliehen können.

Viele Menschen, die mit dieser einfachen Taubenhaltung aufwuchsen, sind später zu begeisterten Rassetaubenzüchtern geworden, da ihre Begegnung mit diesen Tauben zu nachhaltigen Erinnerungen führten, mit dem Wunsch, später selbst einmal eigene Tauben zu besitzen.

Haltung von Rassetauben

Ist man Anfänger oder Neubeginner, so steht man zunächst vor der Frage, welche Rasse und welchen Farbenschlag einer Rasse man anschaffen soll. Am besten geht man auf eine Rassetaubenschau, um sich die einzelnen Rassen anzusehen. Dort kann man gut mit den Züchtern ins Gespräch kommen, um Vor- und Nachteile der einzelnen Rassen zu ergründen und mit den eigenen Vorstellungen abzustimmen. Außerdem sind Gäste auf den Versammlungen der Taubenzuchtvereine immer willkommen, zumal, wenn sie beabsichtigen, selbst Tauben zu halten. Nicht selten werden Anfängern von erfahrenen

Schon ein einfacher Minischlag, für den sich überall ein Platz finden läßt, kann den Wunsch nach eigener Taubenhaltung und -zucht mit reinrassigen Tauben wahr werden lassen.

Züchtern gute Zuchttauben für den Zuchtbeginn überlassen. Gleichzeitig wird der Anfänger mit den Zuchtzielen dieser Rasse vertraut gemacht, und er erhält über den Verein für seine aufgezogenen Jungtiere die richtigen Verbandsfußringe.

Hat man sich für eine Rasse entschieden, sollten Haltung, Pflege und Größe der Schlaganlage der Größe, dem Temperament und dem Flugverhalten der Rasse angepaßt sein.

Die Frage, ob man sich bei einer Rasse mit einem Farbenschlag begnügt, oder ob man verschiedene Farbenschläge züchten möchte, hängt sehr von den züchterischen Gegebenheiten ab. Beides kann richtig sein. Oft reicht aber ein einziger Farbenschlag nicht aus, um die gewünschten Zuchterfolge zu erreichen. In anderen Fällen, zum Beispiel bei der Zucht reinweißer Tauben, entfällt dieses Argument, und man kann sich voll auf den einen Farbenschlag konzentrieren.

Will man die Taubenhaltung zu einem echten Hobby machen, ist es gut, sich gleich einem Geflügelzuchtverein oder einem speziellen Taubenzuchtverein als Mitglied anzuschließen. Über die Mitgliedschaft stehen einem alle Möglichkeiten der fachlichen Beratung, der Betreuung und der Teilnahme an Ausstellungen auf Orts-, Kreis, Landes- und Bundesebene offen. Man kann mit anderen Züchtern in Konkurrenz treten und durch fachlichen Gedankenaustausch und geeignete züchterische Maßnahmen die Qualität der Tiere verbessern. Wertvolle Ausstellungspreise sind der Lohn für züchterischen Erfolg und für ein ganzes Jahr liebevoller Pflege.

Haltung eines Farbenschlages einer Rasse

Die Zuchtziele innerhalb der vielen verschiedenen Rassen sind sehr unterschiedlich. Deshalb ist es schwer zu sagen, welche Rasse mit den wenigsten Problemen zu züchten ist. Allgemein ist die Zucht einfarbiger Tauben einfacher als die Zucht von Tieren mit zwei Farben, vor allem, wenn die beiden Farben an ganz bestimmten Stellen lokalisiert sein müssen. Häufige Fehlfarben sind bei solchen Rassen die Regel, und aus einer großen Anzahl von Jungtieren sind nur die besten für die Weiterzucht brauchbar. Die Zucht mit kleineren Tauben ist allgemein problemloser als die Zucht mit großen, schweren Rassen. Man sollte für den Anfang einen Farbenschlag einer an sich problemlosen Rasse auswählen. Sie soll brutfreudig sein, ihre Jungen gut aufziehen und sich qualitativ gut vererben, damit man mit wenigen Jungtauben schon beste Ausstellungserfolge erreichen kann. Erfahrene Taubenzüchter werden bei der Auswahl gern beratend zur Seite stehen.

Haltung mehrerer Farbenschläge einer Rasse

Einige Farben lassen sich besser in Kombination mit einer anderen Farbe züchten, weil Farbverteilung und Farbintensität wichtige Vererbungsmerkmale sind. Die rote Farbe hellt bei reiner Weiterzucht häufig so sehr auf, daß sie nicht mehr dem gewünschten Ziel entspricht. Deshalb werden rote und schwarze oder dunkle Tiere gern miteinander verpaart. Ihre Nachkommen besitzen dann das intensivere Rot. Je mehr Merkmale züchterisch bearbeitet werden, desto schwieriger ist die Zucht und um so wichtiger sind dann sehr gut vererbende Elterntiere. Je größer der Bestand an guten Tauben ist und je sorgfältiger sie nach den Gesetzmäßigkeiten der Vererbung verpaart werden, desto größer ist die Wahrscheinlichkeit, daß viele Tiere, die dem Zuchtziel weitgehend entsprechen, anfallen.

Die Erfahrung lehrt aber auch, daß die Nachzucht von großen Beständen mittlerer oder schlechter Qualität im Sinne des Zuchtzieles, von Ausnahmen abgesehen, niemals an die Qualität der Nachzucht von besseren Tauben, auch aus kleineren Beständen, herankommt. Die Zucht mehrerer Farbenschläge bei gleicher Farbverteilung oder die Zucht von Tieren mit gleicher Farbe, aber unterschiedlicher Farbverteilung (zum Beispiel einfarbig oder mit Weißschlagflügeln), beinhaltet die Möglichkeit, eine größere Anzahl brauchbarer Jungtiere herauszufinden, die für Ausstellungen und anschließend für die Zucht geeignet sind. Ist auch die Form der Tauben eines Farbenschlages verbesserungsfähig, so kann es ein züchterisches Ziel sein, die bessere Form von einem Farbenschlag auf den anderen zu übertragen. So gibt es unendlich viele Möglichkeiten, mehrere Farbenschläge einer Rasse miteinander zu kombinieren.

Haltung mehrerer Rassen

Eine weitere Variante ist die gemeinsame Haltung mehrerer Rassen in einem Schlag. Das Bild ist dann bunter und die Haltung problemlos, wenn die Rassen in ihren Eigenschaften gut zueinander passen und sich nicht gegenseitig ständig stören. Solche Haltung ist sogar wünschenswert, wenn beide Rassen sich gegenseitig ergänzen. Dies ist zum Beispiel gegeben, wenn Jungtiere von Kurzschnäblern, die nicht von ihren eigenen Eltern aufgezogen werden können, von Zuchtpaaren der zweiten Rasse aufgezogen werden.

Ungeeignet für eine gemeinsame Haltung sind sehr kleine, lebhafte Tauben und sehr große, ruhige Tauben. Niemals würde man Wiener Hochflieger mit Pommernkröpfern in einem Schlag zusammenführen. Gut geeignet ist dagegen die gemeinsame Haltung von Zuchtpaaren aus der großen Gruppe der Farbentauben. Von ihnen gibt es 52 verschiedene Rassen, die sich jedoch alle in ihren Eigenarten ähneln. Jedoch lassen sich auch bestimmte Mövchen- und Tümmlerrassen gut miteinander kombinieren.

Gemeinsame Haltung birgt aber ständig die Gefahr in sich, daß es zu Fremdbefruchtungen und damit zu Kreuzungsprodukten kommt. Die eheliche Treue unter den Zuchtpaaren ist nicht immer so groß, als daß sich nicht ein Weibchen unter bestimmten Umständen von einem anderen Männchen befruchten ließe.

Will man in der Zucht ganz sicher gehen, daß die Abstammung unzweideutig feststeht, ist es das beste, jedes Zuchtpaar durch Abtrennung einzeln zu halten. Natürlich ist die gemeinsame Haltung mehrerer Rassen viel interessanter und abwechslungsreicher. Sie ist aber nur dort zu empfehlen, wo man Zuchterfolge nicht so ernst nimmt und die Buntheit der Taubenschar beim täglichen Umgang dem züchterischen Ehrgeiz vorzieht.

Die Möglichkeiten der Taubenhaltung sind so variantenreich, wie die Anzahl der Rassen selbst, so daß man dem einzelnen Züchter in dieser Hinsicht nur Empfehlungen geben kann, wie man erfahrungsgemäß am besten verfahren sollte. Jeder Taubenhalter sieht die Welt aus seinem Blickwinkel, hat seine eigenen Vorstellungen und wird für sich richtige Entscheidungen treffen müssen.

Haltung in Schlägen mit Volierenausflug

Um Verluste von wertvollen Rassetauben zu verhindern, werden die meisten Ausstellungstauben heute in Zuchtschlägen mit großen Flugvolieren gehalten. Die

Deutsche Langschnäblige Tümmler, rot, geelstert. Früher waren sie als gute Flugtümmler bekannt. Sie werden in vielen Farbenschlägen als brutfreudige Rasse gezüchtet.

Verluste durch äußere Faktoren sind gering, wenngleich man nicht völlig ausschließen kann, daß einmal Ratten oder Wiesel in die Schlaganlage eindringen. Zerstörte Bruten oder getötete Tauben können die Folge sein. Zum Schutz gegen Eindringlinge bleibt nur die Möglichkeit, die ganze Anlage so abzudichten, daß ein Eindringen von außen für diese Schädlinge praktisch unmöglich wird. Unter diesen Gegebenheiten ist eine ungestörte, erfolgreiche Zucht und Haltung möglich, wenn alle Maßnahmen zur Sauberhaltung, Gesunderhaltung und zur Gefiederpflege durchgeführt werden. Die Tauben haben genügend Bewegungsfreiheit, sind gesund und fühlen sich wohl.

Freiflugtauben

Kontrollierte Haltung von Freiflugtauben ist viel risikoreicher als die Volierenhaltung. Sie bereitet dem Züchter aber mehr

Vorn: Sächsische Schildtaube mit Kappe und Schnabelnelke, blau mit weißen Binden mit dunkler Säumung und dicht belatschten Füßen.

Freude. Die vielen Haustaubenrassen sind alle einmal als Freiflugrassen gezüchtet worden. Die Freude an der Taubenhaltung kommt beim Züchter gerade während des Fluges seiner Tiere am besten zum Ausdruck, wenn zum Beispiel der ganze Schwarm aufsteigt, um das Haus kreist und die Täuber flügelklatschend um ihre Weibchen werben. Hochflugtauben steigen bei gutem Wetter bis zur Flimmerhöhe auf, Sturzflieger stürzen aus großer Höhe herab bis in den Schlag hinein und die

Stilflieger zeigen ihren besonderen Flugstil. Deshalb gibt es heute große Bemühungen, dem Flugtaubensport wieder mehr Bedeutung zu verleihen.

Mögliche Verluste bei Freiflughaltung

Unter den heutigen Freiflugbedingungen ist eine verlustlose Taubenhaltung kaum möglich. Einzelne Jungtauben werden manchmal von anderen Schwärmen mitgezogen; sie finden dann allein nicht wieder zu ihrem Schlag zurück. Hat man ihnen mittels Namensring oder Flügelstempel ihre Anschrift mitgegeben, so werden sie von anderen Züchtern gemeldet, wenn sie in deren Schlaganlage hineingehen. So besteht die Möglichkeit, sie abzuholen und wieder in ihren gewohnten Schlag zurückkehren zu lassen. Dies passiert vereinzelt. Normalerweise finden alle Tauben nach dem Flug in ihren Schlag zurück. Noch nicht ganz flugfähige Jungtauben werden jedoch manchmal von Katzen ergriffen.

Außerdem dringen die Greifvögel mehr und mehr in Wohngebiete ein, um sich aus den Taubenschwärmen ihre Nahrung zu holen. Weitere Verluste entstehen, wenn Jungtauben im Schwarm mit hohen Geschwindigkeiten herumtollen und mit Sturz- und steil ansteigenden Flügen lauernde Gefahren nicht erkennen. Oft verletzen sie sich an Drahtleitungen. Gebrochene Flügel und Läufe sind meist die Folge. In vielen Fällen können solche Tauben aber wieder gesunden, wenn die Verletzungen ordnungsgemäß behandelt werden.

Erziehung zur Flugfreude

Legt man Wert auf fleißige Flieger, so muß man auf jeden Fall eine leichte Taubenrasse auswählen. Aber selbst bei diesen Rassen gibt es durch jahrzehntelange Volierenhaltung erhebliche Unterschiede in der veranlagten Flugfreude. Auch innerhalb der Stämme einer Rasse sind sie vorhanden. Abgesehen von der vererbten Flugeignung, erreicht man freudige Flieger durch absolute Gesundheit der Tiere. Ein Befall mit Würmern, Kokzidien, Salmonellen oder Trichomonaden vermindert das Wohlbefinden und damit die Fluglust.

Richtige Erziehung der Jungtiere beeinflußt ihre Flugneigung entscheidend. Verlassen die Jungtauben etwa einen Monat lang ihren Schlag, um auf das nächste Dach zu fliegen und kehren stets wieder in ihn zurück, dann sind sie fest an ihn gewöhnt. Nun kann man sie anhalten, gemeinsam mit den Alttauben um ihren Schlag zu kreisen. Je mehr die Kondition sich verbessert, desto länger dauert ihr freiwilliger Rundflug. Die Haltung von Tauben, die stundenlang auf dem Dach hocken, ist unerwünscht. Deshalb ist es gut, wenn man seine Tauben dazu erzieht, gleich nach dem Rundflug wieder in den Schlag zurückzukehren. Nachdem die Jungtauben sich an den Rundflug gewöhnt haben, läßt man sie ohne die Alttauben allein heraus. Jungtauben sind allgemein flugfreudiger als Alttauben und verbleiben länger in der Luft. Die beste Flugneigung haben sie am frühen Morgen. Läßt man sie nach Sonnenaufgang hungrig heraus, so lernen sie es schnell, nach dem Flug zur Fütterung wieder in den Schlag hineinzugehen. Bekommen Nachzügler nicht genügend Futter, weil ihre Schlaggefährten es bereits verzehrt haben, so werden sie bei erneutem Freiflug am Abend um so eher in den Schlag zurückkehren und sich in Zukunft in gewünschter Weise verhalten.

Haltung von Brutpaaren und Jungtieren

Bei natürlicher Tageslänge sind alle gesunden Tauben, die das nötige Zuchtalter haben, bereit, sich ab März anzupaaren. Für viele Züchter beginnt daher die Zuchtzeit am ersten Wochenende im März. Man muß sich für den Tag der Anpaarung etwas Zeit nehmen, um eingreifen zu können, wenn zusammengesetzte Paare sich absolut nicht verstehen.

Winterzucht

Technische Hilfsmittel, wie Schlagheizung, heizbare Nistschalen und Beleuchtung machen die Taubenhaltung heute unabhängiger von der Jahreszeit. Frühe Ausstellungen ab Oktober können nur beschickt werden, wenn die Jungtiere dieses Jahrganges voll entwickelt sind und durchgemausert haben. Deshalb ist es zweckmäßig, bei schweren Rassen, wie den Kingtauben, bereits im Dezember mit der Zucht zu beginnen.

Die vorgesehenen Zuchtpaare werden ab Mitte November in einen besonderen Zuchtschlag gesetzt. Jedes Zuchtpaar erhält eine Nistzelle mit Nistschale. Gefüttert wird eine Zuchtmischung mit etwa 14 % Roheiweiß. Der Schlag wird 14

Stunden lang pro Tag unter Einbeziehung des Tageslichtes beleuchtet. Die Lichtintensität braucht nicht mehr als 4 Watt je m^2 zu betragen. Die Tauben mögen diese Beleuchtung gern. Über die Augen wird die Hypophyse angeregt, vermehrt Hormone zu produzieren, die die Geschlechtstätigkeit anregen, so daß die Tauben recht bald mit dem Brüten beginnen.

Trennung und Anpaarung

Spätestens nach Beendigung der Mauser werden die Tauben nach Geschlechtern getrennt. Zuchttiere, die in der kommenden Brutsaison umgepaart werden sollen, können sich so nicht mehr sehen und lassen sich um so leichter im Frühjahr mit einem neuen Partner anpaaren.

Zur Anpaarung werden zunächst alle Täuber in ihre Nistzellen gesetzt. Dabei achtet man darauf, daß mehrjährige Zuchttäuber möglichst ihre alte, gewohnte Zelle wiederbekommen. Anschließend gibt man die Täubinnen zu den Täubern. Alle Nistzellen werden zunächst verschlossen. So können sich nur die beiden Partner sehen und sich aufeinander konzentrieren.

In den meisten Fällen zeigen Täuber und Täubin sofort Paarungsbereitschaft. Der Täuber treibt das Weibchen, dieses bietet ihm den Schnabel an zum Schnäbeln. Manchmal duckt sie sich auch schon nach kurzer Zeit, um getreten zu werden. Liegen beide Tiere anschließend in der Nistschale und berühren sich mit dem

Schnabel, erkennt man, daß sie sich einig geworden sind.

Damit sie ihre Nistzelle als eigenes Heim ansehen, ist es erforderlich, sie zunächst einmal hierin zu belassen. Folglich bietet man ihnen Futter in einem Zellennapf und Wasser in einer kleinen Zellentränke an. Am nächsten Morgen sieht man, ob sie gemeinsam die Nahrung aufgenommen haben. Nun kann man einzelne Paare aus ihrer Zelle herauslassen. Man beginnt mit solchen Paaren, die schon im Vorjahr die gleiche Zelle besessen haben. Fliegt ein Paar seine Zelle vom Schlagboden aus wieder an, weiß es, wo es hingehört. So kann man nach und nach alle Paare herauslassen. Selbst bei geöffneter Zelle werden sie sich jetzt die meiste Zeit in dieser aufhalten. Paare, die ihre Zelle noch nicht angenommen haben, sperrt man wiederum ein, in der Hoffnung, daß sie es am nächsten Tage lernen werden. Zeigen sie gegenseitige Zuneigung, wird dieses Ziel auch in wenigen Tagen erreicht sein.

Manchmal kommt es vor, daß ein zusammengesetztes Paar überhaupt keine gegenseitige Zuneigung zeigt. Dabei kann es zu schlimmen Beißereien kommen. Paßt man nicht auf, können die Augen eines Tieres zuschwellen. Soweit darf es niemals kommen. Deshalb muß man am Paarungstag alle Paare in ihrem Verhalten gründlich beobachten. Kann man das Paar nicht unbeschadet beieinander lassen, muß man es herausnehmen und allein in ein größeres Abteil setzen, in dem das Weibchen sich ungestört zurückziehen kann. In diesem Abteil muß sich eine Nistzelle mit Nistschale befinden. Man gibt diesen Tieren etwa 14 Stunden Licht am Tag und wartet solange, bis sie sich gepaart haben. Dann kann man sie in ihre Zelle in den Zuchtschlag zurücksetzen.

Am vierten bis fünften Tag nach der Anpaarung bietet man den Tauben auf dem Schlagboden Nestbaumaterial an. Dies kann Heu und Stroh sein. Gern nimmt man auch Tabakstengel, weil sie unerwünschte Insekten vom Nest fernhalten. Die Tauben selbst sammeln, wenn man ihnen Freiflug gibt, gern um den Schlag herum auf dem Erdboden Reisig, Stroh oder Grashalme oder auch durch die Mauser abgestoßene Federn, um daraus in ihrer Nistschale ein geeignetes Nest für ihr Gelege zu bauen. Unermüdlich schleppen die Täuber neues Material heran, um es ihrem Weibchen zu bringen, welches bemüht ist, in der Nistschale sitzend, die gebrachten Halme in die Rundung des Nestes einzuordnen. Junge Täuber sind dabei eifriger als ihre älteren Schlaggefährten. Ist reichlich Material vorhanden, so werden die Nester oft 10 cm hoch. Jedoch ist diese Neigung sehr unterschiedlich, und so lassen es faule Nestbauer auch mit ein paar Halmen bewenden.

Die Weibchen lassen sich nun gern auf dem Schlagboden befruchten. Jedoch wird jeder Tretakt sofort von den sich in der Nähe befindenden übrigen Täubern gestört. Daher kann es vorkommen, daß gerade beim ersten Gelege nicht immer alle Eier befruchtet sind. Das kann ein herber Verlust sein, weil doch gerade die Früh-

Brütende Täubin, Hamburger Tümmler, Gelb, Weißschwanz (Flugtyp).

Zeitablauf während der Brutzeit der Tauben

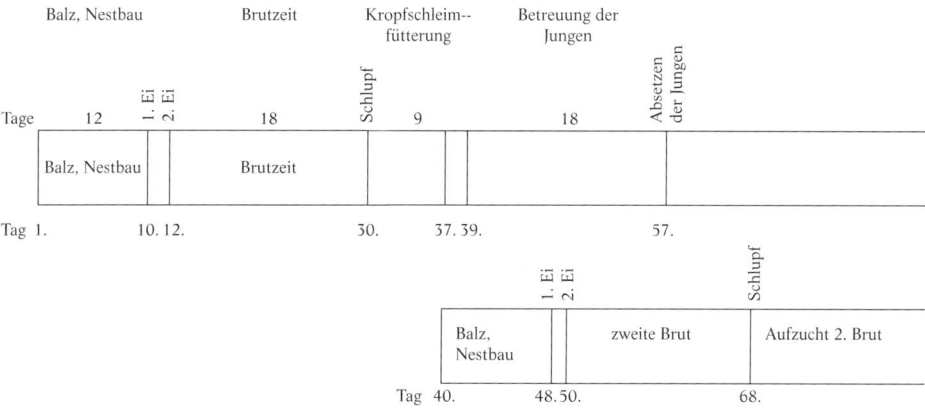

1. Tag Anpaarung
10. Tag Legen des 1. Eies
12. Tag Legen des 2. Eies
12.–30. Tag Brutzeit
30.–39. Tag Warmhalten der Jungen
37. Tag Beringen der Jungen

39.–57. Tag Entwicklung der Jungen
40. Tag Balz/Nestbau 2. Brut
48. Tag 1. Ei, 2. Brut
50. Tag 2. Ei, 2. Brut
57. Tag Absetzen der Jungen (1. Brut)
68. Tag Schlupf der 2. Brut

brut die junge Mannschaft für die kommende Ausstellungssaison bringen soll. Ungestörter sind die Paare in ihrer eigenen Zelle. Für den Tretakt muß diese aber hoch genug gebaut sein.

Gibt man ihnen Freiflug, findet die Befruchtung häufig auf dem Dach statt. Anschließend fliegt das Paar auf, um einige Runden um das Haus zu fliegen. Normalerweise finden viel mehr Tretakte statt, als für eine Befruchtung der Eier notwendig wäre. Sollten trotzdem Eier nicht befruchtet worden sein, muß man zu bestimmten Maßnahmen greifen.

Fremdbefruchtungen sind gar nicht so selten. Will man bei einem wertvollen Zuchtpaar absolut sicher gehen, daß die Jungen auch von diesem Vater abstammen, muß man es in einem Sonderschlag halten. Eine andere Garantie gibt es nicht.

Was kann man gegen das Legen unbefruchteter Eier tun?

1. Die Zuchttiere vor der Anpaarung länger beleuchten.
2. Weniger Tiere im gleichen Zuchtschlag halten.
3. Bewährte Paare aus dem Vorjahr nicht auseinanderreißen.
4. Junge Täuber mit alten Weibchen anpaaren.
5. Den Tieren während der Befruchtungszeit die Voliere als Flugraum mit zur Verfügung stellen.
6. Während der Befruchtungszeit Freiflug gewähren.
7. Den Anpaarungstermin später legen.
8. Die Eier nach etwa zehn Tagen durchleuchten. Unbefruchtete Eier sofort entfernen, damit das Zuchtpaar erneut zur Brut schreiten kann.

Will man von einem Zuchtpaar, das sich bewährt hat, möglichst viele Jungtiere aufziehen, so kann man die gelegten Eier dieses Paares einem anderen Zuchtpaar, dessen Weibchen zur gleichen Zeit gelegt hat, unterlegen und dessen Eier entfernen.

Jedes Zuchtpaar, dem man die Eier genommen hat, ist sogleich bemüht, das nächste Gelege vorzubereiten. Schon am zweiten Tag nach Entfernen des Geleges beginnt der Täuber wieder sein Weibchen zu treiben. Paart man am zwölften Tag nach der ersten Paarung ein weiteres Paar zusammen, so legt dieses Weibchen am 10. und am 12. Tag nach der Paarung seine Eier. Das ist die gleiche Zeit, zu der das Zuchtpaar das zweite Gelege im Nest liegen hat. Wiederum kann man dieses Gelege austauschen und das Zuchtpaar das dritte Mal legen lassen. Dieses Gelege sollte es aber unbedingt selbst ausbrüten und aufziehen. Eine reichliche, vollwertige Fütterung muß diese Sonderleistung des Zuchtpaares begleiten.

Das Legen des ersten Eies kann bei jährigen Weibchen ein paar Tage länger dauern als bei alten Weibchen. Das ist ganz normal. Man muß diese Zeitverschiebung mit einkalkulieren.

Täuber und Täubin lösen sich gegenseitig bei der Brut ab. Meistens sitzt der Täuber 6 bis 8 Stunden auf dem Gelege, etwa von 9 Uhr morgens bis 16 Uhr nachmittags. Die Täubin brütet zu den übrigen Stunden des Tages und während der Nachtzeit. Die Eier benötigen die volle Körpertemperatur der Elterntiere. Federn sind schlechte Wärmeleiter, deshalb liegen die Eier unmittelbar an dem federlosen Brustbeinkamm. Die hier unter der Haut liegenden Blutgefäße vermehren sich zur Brutzeit stark, die Brust ist dunkelrot gefärbt und überträgt eine Temperatur von etwa 40 °C. Man bezeichnet die intensive Rotfärbung der Haut als Brutflecken.

Aufzucht

Hat nach dem Zusammenführen der Zuchtpaare alles vorzüglich geklappt und wurde am zwölften Tag nach der Paarung das zweite Ei gelegt, so schlüpfen achtzehn Tage später die beiden Jungen. Schwierigkeiten mit dem Schlupf haben die Jungen selten. Wenn sie im Ei steckenbleiben, kann dies die Folge unzureichender Ernährung der Elterntiere sein, wenn das Weibchen nicht in der Lage war, dem Brutei ausreichende Mengen aller benötigten Vitamine mit auf den Weg zu geben. Doch gibt es weitere Ursachen, die hier nicht näher erläutert werden können. Der Schlupf der Jungen erfolgt im Abstand von einigen Stunden. Dies macht sich schon im Größenwachstum während der Aufzucht bemerkbar, da durchweg ein etwas größeres und ein kleineres Tier im Nest liegen. Die Jungen werden nach dem Schlupf liebevoll von den Taubeneltern

gewärmt und getrocknet. Verluste treten dann auf, wenn keine Nistschale vorhanden ist und ein frisch geschlüpftes Küken neben dem Elterntier liegt und es nicht ausreichend von ihm geschützt werden kann. In den ersten 10–12 Tagen werden die Jungen mit Kropfbrei ernährt. 5–6 Tage lang erhalten sie nur Kropfbrei, danach wird er von Tag zu Tag mehr mit festem Futter kombiniert. Nach einer Woche sieht es so aus, als bekämen die Jungen nur noch festes Futter, jedoch wird die Kropfbreimenge nur langsam abgebaut.

Das Geburtsgewicht beträgt etwa 70 % des Gewichtes des frisch gelegten Eies. Im Durchschnitt wiegen die Taubeneier 18–21 g. Die Taubenküken haben bei der Geburt eine Lebendmasse von etwa 12–14 g.

Taubenküken wachsen in den ersten Lebenstagen sehr viel schneller als Nestflüchter (Hühner-, Entenküken). Bereits in weniger als 48 Stunden haben die Taubenküken ihre Körpermasse verdoppelt. Über den Kropfschleim werden sie sehr

Zusammensetzung der Kropfmilch

Proben aus 16, 2 Tage alten Taubenküken

	In der Originalsubstanz	in der Trockenmasse
Wasser	76,1 %	0,00 %
Rohasche	1,8 %	7,53 %
Roheiweiß	14,2 %	59,42 %
Rohfett	7,9 %	33,05 %
	100,0 %	100,0 %

intensiv ernährt. Über die Zusammensetzung der Kropfmilch gibt es sehr unterschiedliche Angaben. Untersuchungen ergaben vorstehende Werte.

Errechnet man den Energiegehalt der Kropfmilch nach der gleichen Schätzformel, wie für die Energieabschätzung der Futtermischungen, dann ergibt sich in der Kropfmilch ein Energiegehalt von 20,56 MJ/kg (MJ = Megajoule). Folglich ist in der Kropfmilch etwa der eineinhalbfache Energiegehalt wie in einem hochwertigen Körnermischfutter enthalten (siehe Ernährung und Fütterung). Untersuchungen über eine Veränderung der Zusammensetzung der Kropfmilch im Verlauf der Futtertage liegen bisher nicht vor.

Die ersten Lebenstage

Die Eltern sitzen in den ersten Lebenstagen sehr fest auf ihren geschlüpften Jungen. Nimmt man einmal beide Elterntiere weg und überläßt die Jungen sich selbst, dann stellt man schon nach einer halben Stunde fest, daß sie merklich abgekühlt sind und schwerer atmen. Es wird dann höchste Zeit, daß sie wieder von einem Elternteil gewärmt werden. Hier ist unbedingte Vorsicht geboten. Will man ein Junges transportieren, deckt man es am besten von unten und von oben mit Watte ab. So kann es unbeschadet einen kürzeren Transport überstehen.

In der zweiten Woche nach dem Schlupf setzt die Hauptwachstumsperiode ein. Die ersten Federspielen lassen bereits

erkennen, welche Farbe die ausgewachsenen Federn einmal haben werden. Die Eltern sind voll damit beschäftigt, ihre Jungen satt zu füttern. Das können sie nur, wenn ständig Zuchtfutter zur Verfügung steht oder die Tauben dreimal täglich gefüttert werden. Füttert man im Hochsommer erst morgens um 9 Uhr, dann ist vom Sonnenaufgang bis dahin schon viel Zeit vergangen, in der früher gefütterte Jungen schneller hätten wachsen können.

Sind die Jungen 8 bis 10 Tage alt, läßt das Interesse des Täubers an seinen Jungen schon etwas nach, da er mit dem Treiben der Täubin für das nächste Gelege beginnt. Nachts sitzt die Täubin auf ihren Jungen, um sie zu wärmen. Mit 6 Tagen beginnen die Jungen, ihren Kot über die Nistschalenkante nach außen fallen zu lassen. Damit die Eltern nicht ständig durch den Kot treten müssen, kann man ihn ein- bis zweimal am Tag entfernen. Bequemer ist es aber, unter die Nistschale ein Stück Papier zu legen, das zusammen mit dem Kot entfernt wird oder die Nistschale auf einen Drahtrahmen zu stellen, durch den der Kot hindurchfällt und von Zeit zu Zeit entfernt wird. So sind Nistzelle und Tauben immer sauber.

Oben: Frisch geschlüpfte Taubenküken haben ▷
einen gelben Flaum. Der mit Nahrung gefüllte Kropf macht etwa die Hälfte des gesamten Taubenkörpers aus. Junge verdoppeln ihre Lebendmasse in weniger als zwei Tagen. Unten: Brieftaube mit zehn Tage altem Jungtier. Die schnell wachsenden Federn bedecken bereits die Flügel. Nachts wird es von der Mutter gewärmt.

Der Futterverbrauch steigt in dieser Zeit enorm an, da die Jungen in diesem Alter mehr Futter benötigen als die Alttauben. Die Jungen erreichen, etwas unterschiedlich innerhalb der Rassen, nach 20 bis 25 Tagen etwa 80 % der Körpermasse der Eltern. Nach fünf Tagen erkennt man die ersten Federspielen. Nach sechs Tagen gehen die Eltern sporadisch für kurze Zeit vom Nest. Zwei Tage später ist die Wärmeproduktion so groß, daß die Jungen sich allein warm halten können.

Ab und zu werden sie noch gewärmt; in der Nacht sitzt das Weibchen immer auf ihren Jungen. Mit sieben Tagen kann man an den Federspielen die Farbe der Federn erahnen. Nach 12 Tagen kann man Farbe und Zeichnung gut erkennen. Von nun an ist der Futterbedarf größer als der der Eltern. Sie setzen entsprechend viel Kot ab.

Beringen der Jungen

Sind die Jungen 6 bis 7 Tage alt, müssen sie beringt werden. Es ist allgemein üblich, den rechten Fuß zu beringen und zwar so, daß man die Beschriftung, wenn man die Taube mit dem Kopf zum eigenen Körper hält, in richtiger Stellung ablesen kann.

Die Ringgrößen sind für alle Rassen in den Musterbeschreibungen exakt festgelegt. Tauben mit falschen Ringgrößen werden auf Ausstellungen nicht bewertet. Verpaßt man das Aufziehen des Ringes nur um einen Tag, so kann es sein, daß der Ring schon recht schwer über den Fuß rutscht. In solchem Fall reibt man die Zehen ganz dünn mit etwas Hautcreme ein, dann steckt man die drei Zehen durch den Ring, hält den Ring mit der linken Hand fest und zieht den Fuß ganz vorsichtig mit der rechten Hand durch den Ring, wobei die Hinterzehe hinten bleibt und mit einem Federkiel vorsichtig aus dem Ring herausgezogen wird. Dies schmerzt überhaupt nicht und erfolgt sehr schnell.

Die beringten Jungen werden in ihrer Nistschale liegend sofort wieder in die Nistzelle zurückgestellt. Wichtig ist nun, daß die Ringnummern der Jungen zu den Ringnummern ihrer Eltern in die Zuchtliste eingetragen werden, damit es keinerlei Verwechslungen geben kann. Im Alter von drei Wochen beginnen die Jungen aus der Nistschale herauszulaufen, um bei ihren Eltern um Futter zu betteln. Um das Zuchtpaar zu entlasten, ist es gut, wenn man nun einen Zellennapf mit kleinkörnigem Futter zu den Jungen stellt. Langsam fangen sie an, selbst ein paar Körnchen aufzunehmen. Haben sie erst einmal gefressen, lernen sie schnell, selbständig zu werden. Sie wachsen von Tag zu Tag und ihr Federkleid wird zusehends dichter.

Oben links: Acht Tage alte Jungtiere; es ist Zeit zum Beringen. ▷
Oben rechts: Felegyhazaer Tümmler, rotgeganselt, etwa 14 Tage alt. Die Farbzeichnung ist bereits gut zu erkennen.
Unten: Junge Asiatische Klatschtümmler, blau mit Binden, etwa 26 Tage alt, reif zum Absetzen, (links Täubin, rechts Täuber).

Nach 25 bis 28 Tagen sind die Federn unter den Flügeln ausgewachsen. Nun ist es Zeit, die Tiere von den Eltern abzusetzen. Sie kommen in den Jungtierschlag. Die Jungen erhalten nach dem Absetzen auf dem Schlagboden des Jungtierschlages ein Strohbett, in dem sie alle zusammen gerne liegen. Kleinkörniges Futter wird ihnen in flachen Trögen gereicht. Die Wasserbehälter für die ersten Tage nach dem Absetzen sind flach und offen. Beim Saufen und Hindurchtreten wird zwar der Schlagboden naß, aber die abgesetzten Jungtiere lernen das selbständige Saufen sehr viel schneller. Wenn gleichzeitig eine Stülptränke aufgestellt wird, gehen sie bald an diese heran, um die nötige Flüssigkeit aufzunehmen. Man muß in diesen Tagen darauf achten, daß jedes Tier genügend Futter aufnimmt und ausreichend Trinkwasser säuft.

Sollen sie Freiflug erhalten, zeigt man ihnen schon einmal den Ausflug, damit sie die Umgegend ihres Schlages kennenlernen. Setzt man sie unter Kontrolle nach draußen aufs Dach, lernen sie frühzeitig, von selbst wieder hineinzugehen. Mit fünf Wochen beginnen sie selbsttätig im Schlag aufzufliegen, nach draußen zu gehen und die ersten Erkundungsflüge zu machen.

Ammenaufzucht

Es gibt verschiedene Gründe, Jungtiere von Ammenpaaren aufziehen zu lassen. Ein Grund wurde schon genannt, das Umlegen von Eiern, um von einem guten Zuchtpaar mehr Jungtiere aufzuziehen. Ammenpaare werden auch eingesetzt, wenn hochwertige Rassetauben ihre Jungen schlecht füttern. Man gibt sie dann einem fleißig fütternden Ammenpaar, damit die Jungen unter optimalen Bedingungen aufwachsen. Rassen mit einer großen Körpermasse sind oft schwerfällig und bei der Aufzucht nicht so geschickt, so daß Verluste durch Erdrücken von Eiern oder Jungen auftreten können. Zudem sind sie nicht immer die besten Fütterer. In solchen Fällen nimmt man ihnen die Eier weg und überläßt die Aufzucht einem Ammenpaar.

Notwendig ist die Ammenaufzucht bei bestimmten kurzschnäbligen Rassen, die ihre Jungen nicht selbst füttern können. Züchter dieser Rassen wissen sehr genau, welche für ihre Tauben die besten Ammentauben sind. Man sagt, daß bestimmte Linien der deutschen Schautauben, Brieftauben und Coburger Lerchen unter vielen anderen als Ammentauben geeignet sind. Man sollte jedoch beachten, daß die Eiablage beim Zuchtpaar und beim Ammenpaar höchstens um einen Tag differieren darf, damit die Ammentauben nicht kurz vor dem Schlupf von den Eiern laufen. Legt das Weibchen eines Ammenpaares seine Eier ein paar Tage später, so kann man die Eier des Zuchtpaares bis zu einer Woche aufheben und bei einer Temperatur von etwa 10 °C kühl und trocken lagern und täglich einmal wenden. So bleiben sie etwa eine Woche entwicklungsfähig. Man sollte aber nie mehr als zwei Eier pro Paar ausbrüten lassen.

Künstliche Wärmequelle

Sollen alle Tauben zu bestimmten Tageszeiten ihren Freiflug bekommen oder aus anderen Gründen von ihren Jungen genommen werden, kann man die Taubenküken auch unter einer künstlichen Wärmequelle warm halten. Die Umgebungstemperatur muß dann zu Beginn etwa 40 °C betragen und kann pro Tag etwa um 1 °C abnehmen. Nach 8 Tagen ist die Eigenwärmeproduktion so groß, daß die Jungen mit einer Umgebungstemperatur von etwa 22 °C auskommen. Verbleibt aber ein Elternteil im Schlag, so wird er immer die Jungen ganztägig allein füttern und wärmen.

Aufzucht von Hand

Will man Taubenküken ohne Eltern von Hand aufziehen, so empfiehlt es sich, sie wenigstens in den ersten Lebenstagen abwechselnd von Ammenpaaren mit Kropfmilch versorgen zu lassen. Wendell M. Levi berichtet von erfolgreicher Aufzucht mit Eigelb. Die Nahrung wird mit einem hauchdünnen Schlauch in die Jungen eingeführt. Jungtiere vom fünften Tage an von Hand zu füttern, ist kein Problem. Hierfür werden im Fachhandel Futterspritzen angeboten. Man verwendet als Nahrung gemahlenes Taubenpressfutter und zwar die abgesiebte Fraktion, die ein 0,5-mm-Sieb passiert hat. Dieses Futter ist vollwertig zusammengesetzt. Es enthält alles, was zu schnellem Wachstum erforderlich ist. Es wird zu einem feuchten Brei angerührt und mit der Futterspritze langsam in den Kropf eingeführt. Derart aufgezogene Tauben sind auf den Menschen geprägt und daher besonders zahm. Es genügt, mit der Körneraufnahme solange zu warten, bis sie selbst fressen können.

Kennzeichnung der Tauben

Die übliche, sichere und dauerhafte Kennzeichnung der Tauben ist ihre Beringung im Alter von etwa 6 bis 8 Tagen mit einem offiziellen Ring der jeweiligen Organisation. Im Deutschen Rassetauben Standard ist für jede anerkannte Rasse die erforderliche Ringgröße angegeben. Sie ist so bemessen, daß der Ring frei und drehbar über dem Fuß getragen werden kann. Wegen unterschiedlicher Größe der Rassen und wegen der teilweise sehr starken Beinbefiederung müssen insgesamt sechs Ringgrößen verwendet werden.

Tauben mit falschen Ringgrößen werden auf den Ausstellungen nicht bewertet. Diese Bestimmung muß streng gehandhabt werden, damit ein Übertragen eines Ringes von einem Tier auf das andere aus-

Ringgrößen bei Rassetauben

Ringgröße	Lichte Weite mm
00	12
0	11
I	10
II	9
III	8
IV	7

geschlossen werden kann. Bei der Verwendung eines zu kleinen Ringes besteht die Gefahr, daß dieser ins Bein einschneidet und dem Tier Schmerzen bereitet. Auch dies soll von vornherein verhindert werden.

Die Ringgröße 00 ist unter anderem erforderlich für Ungarische Riesentauben, während für die stark belatschten sächsischen Rassen die Ringgröße 0 vorgeschrieben ist. Bei den kleinen Wiener Flugrassen reicht die Ringgröße IV aus.

Vom BDRG werden pro Jahr für Hühner und Tauben insgesamt über 3 Millionen Fußringe ausgegeben. Die Deutsche Flugtippler Union hat ihre eigenen Fußringe für ihre Dauerflugtauben, wie auch der Verband Deutscher Brieftaubenzüchter. Von 75 000 Brieftaubenzüchtern werden jährlich über vier Millionen Ringe angefordert. Die Ringgrößen für Flugtippler und für Brieftauben entsprechen etwa der Ringgröße II.

Die Ringe des BDRG haben neben einer laufenden Nummer auch eine Buchstabenkennzeichnung. Außerdem haben die Ringe in jedem Jahr eine andere Farbe. Bei den Brieftaubenzüchtern trägt jeder Ring die Vereinsnummer, unter der der Verein beim Verband registriert ist. Diese Nummer beginnt jeweils mit einer Null. Nach der Null kommen bis zu vier weitere Ziffern von 01 bis 09999. Alle Vereine sind mit ihrer Vereinsnummer und der Anschrift des Vorsitzenden mit Telefonnummer in einem Buch aufgeführt, so daß man bei jeder zugeflogenen Taube sofort erkennen kann, aus welchem Ort sie

stammt, und man kann sofort den Vereinsvorsitzenden telefonisch informieren.

Einige andere Länder, wie Dänemark und Polen haben sich diesem System angeschlossen, während man in den Niederlanden und in Belgien nur durchnumerierte Zahlen in Verbindung mit der Jahreszahl verwendet. Eine Auskunft über die Herkunft einer Taube läuft dort grundsätzlich über die Verbandsgeschäftsstelle. Auch die Brieftaubenringe haben in jedem Jahr eine andere Farbe, die alle fünf Jahre wiederkehrt.

Farben der Brieftaubenringe

1996 weiß	1999 gelb
1997 rot	2000 blau
1998 grün	2001 weiß

Will man weitere Kennzeichnungen vornehmen, so kann man sich offener Metallringe, Hornringe, Kunststoffringe oder Gummiringe bedienen. Gummiringe in verschiedenen Farben werden bei Brieftauben bei den Wettflügen verwendet, wenn man sich nicht der neueren elektronischen Zeiterfassung bedient. Diese Gummiringe kann man auch für eine kurzzeitige Kennzeichnung bestimmter Tauben verwenden.

Hornringe haben vier Spiralwindungen und werden am Fuß der Tauben solange gedreht, bis der Ring vollständig auf dem Lauf sitzt. Kunststoffringe haben nur zwei Windungen, die ineinander laufen. So kann man sie bequem aufziehen. Außerdem gibt es Kunststoffringe mit Schnappverschluß. Alle diese Ringe haben ver-

Gern genießen alle Tauben auf dem Dach frische Luft und Sonnenschein.

schiedene Farben, so daß viele Kennzeichnungsmöglichkeiten gegeben sind. Man kann zum Beispiel bei jedem Zuchtpaar dem Täuber und der Täubin jeweils zusätzlich einen Ring mit gleicher Farbe aufziehen oder sich ähnelnde Tiere durch solche Ringe gesondert kennzeichnen. Man kann den Jungtieren auch Ringe mit der Farbe der Eltern anlegen. Den Variationsmöglichkeiten sind keinerlei Grenzen gesetzt. Viele Züchter benutzen die farbigen Ringe und bewahren so mit einfachen Mitteln die Übersicht in ihrem Bestand. Alle anderen Kennzeichnungen, wie Farbtupfer auf dem Rücken oder Beschneiden von Kopf- oder Schwanzfedern, sind streng abzulehnen.

Pflege der Tauben und Schläge

Taubenbad

Im Frühjahr beginnen die in den Federn lebenden Insekten sich zu vermehren und auf alle Tauben des Bestandes auszubreiten. Zur Federpflege und zur Insektenbekämpfung läßt man die Tauben jede Woche einmal baden.

Auf den Boden der Voliere oder vor dem Schlag auf einem Podest stellt man den Tauben eine Badewanne auf. Solche Wannen können verschiedene Größen haben. Bewährt haben sich Taubenbadewannen mit einer Grundfläche von etwa 50 × 80 cm und einer Seitenhöhe von 20 cm. Für das Bad füllt man frisches Wasser bis 5 cm unter den Rand und gibt pro 10 l Wasser einen Eßlöffel Taubenbadesalz hinzu. Die Tauben springen in Gruppen in die Wanne. Durch Flügelschlagen verspritzen sie viel Wasser, das um die Wanne herum auf den Boden gelangt. Alle Federn kommen beim Baden mit dem Wasser in Berührung. Durch das Badesalz bekommt das Gefieder seine erwünschte Geschmeidigkeit und zudem werden alle in den Federn lebenden Insekten vernichtet, so daß Tauben, die regelmäßig baden, von jeglicher Insektenplage befreit sind. Da von den Insekten nun kein Federstaub gefressen werden kann, verbleibt er im Gefieder, so daß dieses glatt, seidig und wasserabstoßend wird.

Zur Kontrolle hält man die Hauptschwingen der Tauben gegen das Licht. Sind im Gefieder Federlinge vorhanden, so kann man sie wie feine Striche gut in den Federfahnen erkennen. Sind die Tauben ungezieferfrei, so ist auch der Neuansteckungsdruck gering, da praktisch keine Eier oder Larven an den Tieren oder im Schlag vorhanden sind. Das wöchentliche Baden dient dem Wohlbefinden der Tauben, verhindert einen erneuten Befall mit Insekten und muß die nächsten Monate beibehalten werden. Viele Züchter lassen ihre Tauben das ganze Jahr über baden, so bleiben alle Federn geschmeidig.

Natürlicher Fliegenschutz

Häufig halten sich Fliegen in der Nähe von Taubenschlägen auf. Es gibt jedoch einfache Mittel, fliegenfreie Zonen anzulegen. Dies gilt insbesondere für Gartenschläge. Die Lösung ist sehr einfach. Man pflanzt um den Taubenschlag herum einige Büsche Schwarze Johannisbeeren. Ihre Geruchsstoffe werden von den Fliegen gemieden, so daß in einem bestimmten Umkreis keine Fliege angetroffen wird. Diese Eigenschaft der Pflanzen kann man sich natürlich auch an anderer Stelle zunutze machen.

Innerhalb des Taubenschlages muß man nach wie vor auf die alten, bewährten Fliegenschutzmittel mit Langzeitwirkung zurückgreifen. Sie werden an die Wände und an beliebte Sitzplätze der Fliegen gesprüht, so daß man ihrer über Wochen Herr werden kann.

Versorgung der Tauben bei Abwesenheit

In unserer Zeit hat sich die Möglichkeit, privat oder geschäftlich zu reisen, so vielschichtig entwickelt, daß es immer schwieriger wird, ständig ortsanwesend zu sein, um die Tauben ordnungsgemäß zu versorgen. Doch wenn man lange genug nachdenkt, gibt es für jedes Problem eine gute Lösung. Können die Tauben einmal nicht durch den Züchter selbst versorgt werden, so kann dies häufig von einer anderen Person innerhalb der Familie übernommen werden. Nicht immer ist dies möglich. Doch gibt es auch Lösungen innerhalb der Nachbarschaft oder innerhalb einer Gemeinschaft gleichsinnter Personen, zum Beispiel innerhalb der Vereine. Nicht alle Personen einer Gemeinschaft sind gleichzeitig auf Reisen. Terminliche Abstimmungen ergeben dann eine Lösung.

In den vielen schönen Gemeinschaftsanlagen für alle Arten Rassegeflügel wird eine ordnungsgemäße Versorgung der Tiere bei Ortsabwesenheit des einen Züchters durch einen anderen Züchter ohnehin ganz selbstverständlich geregelt. Nach seiner Rückkehr von einer Reise versorgt er wiederum die Tauben eines anderen Zuchtfreundes, so daß dieser anschließend verreisen kann. In der Praxis wird das gute Funktionieren solcher Vorhaben allgemein bestätigt. Mancher Freund von Tauben würde sogar mit der Zucht und Haltung beginnen, wenn sich ihm eine derartige Lösung anböte. So könnten noch Züchter gewonnen werden, die heute wegen zeitweiliger Abwesenheit schweren Herzens auf eine Taubenhaltung verzichten.

Futterautomaten und Vorratstränken

Eine kurzfristige Abwesenheit läßt sich auf vielerlei Weise durch eine vorsorgliche Haltung selbst überbrücken. So kann die Fütterung während einer Abwesenheit von einer Woche ohne weiteres über einen geeigneten Futterautomaten erfolgen. Das Futter muß in ihm problemlos von selbst nachrutschen. Mit einem Motor betriebene Automaten sind dafür nur bedingt ge-

eignet, da sie bei Stromausfall nicht funktionieren. Fressen zum Beispiel 40 Tauben 1250 g Futter pro Tag, so reicht ein Futterautomat mit einem Fassungsvermögen von 12 kg Futter immer aus, um die Tauben während einer Woche mit Futter zu versorgen. In der gleichen Zeit nehmen sie gewichtsmäßig etwa doppelt so viel Wasser wie Futter. Stellt man ihnen fünf Tränken mit je fünf Litern Trinkwasser hin, sind sie mit Sicherheit für die betreffenden Tage versorgt. Es gibt Trinkwasserzusätze, um das Wasser während dieser Zeit keimfrei zu halten. Hat man Nistzellen mit Drahtboden und eine dicke Einstreu auf dem Fußboden, ist auch die Überbrückung der Reinigungsarbeiten kein Problem.

Reinigung der Schläge

Die Schlagreinigung wird sehr unterschiedlich gehandhabt. Manche Taubenzüchter bevorzugen einen übersichtlichen, begehbaren Taubenschlag mit möglichst glattem Fußboden. Spanplatten haben sich als Bodenbelag sehr gut bewährt. Solche Schläge lassen sich mit einem Bodenspachtel an langem Stiel und mit einem Handspachtel sehr schnell täglich reinigen. Federn und leichte Schmutzteile kann man mühelos mit einem Taubenschlagstaubsauger aufnehmen. Moderne Sauger haben Bodenspachtel mit schmalen und breiten Düsen, so daß man den frischen Kot aufsaugen und auch alle Ecken mit ihnen erfassen kann.

In sauberen Schlägen wird die Ansteckungsgefahr vermindert. Das Gefieder der Tauben bleibt sauber und durch den täglichen Umgang werden die Tauben zahm und zutraulich.

Viele Züchter machen eine gründliche Schlagreinigung während des Herbstes, wenn die Brutzeit abgeschlossen ist. Dies fällt meist mit einer ersten Auslese des Bestandes zusammen. Die Tauben kommen während der Reinigung in einen anderen Raum. Der Schlag wird zunächst trocken gesäubert. Die Nistzellen und die Sitzregale werden auseinandergenommen und abgespachtelt. Stark verschmutzte Teile werden eingeweicht und abgeschrubbt. Besonders sauber werden alle Holzteile, wenn man sie mit einem Hochdruckreiniger bearbeitet.

Manchmal sieht man auch, daß Holzflächen und schwer erreichbare Ecken mit einer Flamme abgelodert werden, um Insektenbrut zu vernichten. Dabei ist größte Vorsicht nötig. Anschließend werden alle Teile mit weißer Binderfarbe gestrichen, und der Fußboden wird desinfiziert. Erst wenn der Schlag genügend ausgetrocknet ist, kommen die Tauben, die als Winterbestand vorgesehen sind, wieder hinein.

Schutz vor Greifvögeln

Da entgegen der Wünsche der Taubenhalter für Greifvögel ein ganzjähriges Jagdverbot besteht, haben diese sich in den letzten Jahren enorm vermehrt, so daß immer mehr Singvögel, Hasen, Fasane, Rebhühner sowie Wild- und Haustauben ihre Opfer werden. Vermeintliche Naturschützer, von denen manche selbst nie Geflügel gehalten und gezüchtet haben, aber an entsprechenden Entscheidungsprozessen teilhaben, erreichen durch die gesetzlichen Maßnahmen, daß vor allem die Jungtiere der soeben genannten Tierarten den Greifvögeln als Nahrung dienen, was zu erheblichen Bestandsreduzierungen bei manchen dieser Tierarten geführt hat. Hieraus resultiert gebietsweise ein Überbestand an Greifvögeln, der für viele von ihnen im Winter zum Hungertod führt. Erfahrene Jäger, die seit Jahrhunderten unsere heimischen Wildtiere gehegt und den Bestand kontrolliert haben, sind bei der heutigen Meinungsbildung häufig so gut wie ausgeschlossen.

Trotz alledem besteht für den einzelnen Taubenzüchter die Möglichkeit, bei der Landschaftsschutzbehörde seines Bundeslandes einen Antrag auf Sondergenehmigung zum Greifvogelfang auf seinem eigenen Grundstück zu stellen. Ob überhaupt Genehmigungen erteilt wurden und ob Erfahrungen hierüber vorliegen, ist nicht bekannt.

Von allen bei uns lebenden Greifvogelarten holen sich die Sperberweibchen, die Habichte und die Wanderfalken jedes Jahr tausende unserer mit Sorgfalt und Hingabe gezüchteten und gepflegten wertvollen Rassetauben. Andere Greifvögel sind an der Taubenjagd weniger oder gar nicht beteiligt. Zu ihnen zählen Adler, Milane, Weihen, Mäuse-, Rauhfuß- und Wespen-

Eine bunte Schar überwiegend Szegediner Tümmler vor der Auslese in der Voliere.

bussarde, Baum- und Turmfalken. Dies ist nicht überall bekannt. Gerade die Turmfalken, die in den Städten in Gebäuden brüten, bilden für gesunde, flugfähige Tauben keine Gefahr. Junge, unerfahrene Haus- und Ringeltauben und schwerfällige Tauben werden allerdings schon einmal ihre Beute. Ihre Hauptnahrung sind aber Mäuse.

Will man dem Greifvogelproblem begegnen, muß man eine Bestandsaufnahme machen und den Umfang der Verluste und das Verhalten der für die Tauben gefährlichen Greifvögel untersuchen. Manche

Taubenhalter verlieren während eines Jahres trotz vorübergehenden Festsetzens der Tauben 20 bis 50 ihrer wertvollen Rasse- oder Wettflugtauben, manchmal die Hälfte ihres Bestandes. Es bleibt dann keine andere Wahl, als die sich nach täglichem Freiflug sehnenden Tauben monatelang festzusetzen.

Die meisten Verluste durch Greifvögel kommen während der Herbst-, Winter- und Frühjahrsmonate vor. Das hängt damit zusammen, daß manche Greifvögel Zugtiere sind und im Winter aus dem Norden zuwandern und zum anderen, daß im

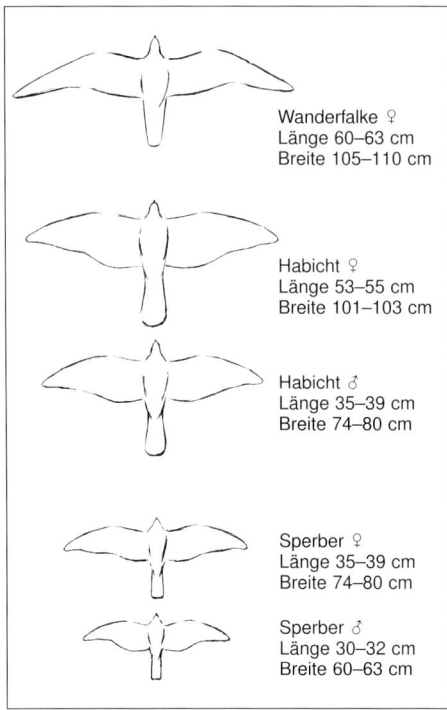

Flugbilder von Greifvögeln.

chen wieder aktiv und immer wieder gehen wertvolle Jungtauben verloren. Manchmal kehren sie verletzt und stark blutend, manchmal mit einer klaffenden Wunde am Kropf, in ihren Schlag zurück. Ist noch Kropfhaut vorhanden, sollte man sie zusammennähen lassen. Die Regenerationsfähigkeit und die Heilgeschwindigkeit sind enorm groß. So kann man manches wertvolle Tier noch retten.

Sperberterzel haben eine Körpermasse von etwa 150 g, während das Weibchen 250 g auf die Waage bringt. Bei den Habichten beträgt die Körpermasse beim Männchen etwa 750 g, beim Weibchen etwa 1100 g. Trotz deutlicher Größenunterschiede fällt es selbst Fachleuten oft schwer, Sperberweibchen und Habichtmännchen im Flug zu unterscheiden. Das Schwanzende des Sperberweibchens ist sehr gerade, wie abgeschnitten, das des Habichts aber gerundet. Außerdem hat der Habicht einen längeren Hinterflügel.

Habichte

In Deutschland brüten etwa 4000 Habichtpaare. Die meisten sind Standvögel. Nur wenige Paare, zumeist aus Ostdeutschland, ziehen südwärts. Habichte jagen ihr Opfer im Überraschungsangriff. Oft sitzen sie unbeobachtet in einem Baum, um von dort im stark beschleunigten Flug eine Taube zu schlagen. Einen schnellen Verfolgungsflug können sie nur etwa 500 m weit durchhalten. Die Beute wird mit den Fängen ergriffen. Die Kral-

Sommer in den Ortschaften viel mehr Lärm und Leben herrscht und die Greife sich zurückziehen. Außerdem sind die kleineren Zugvögel als Beutetiere im Frühling aus dem Süden zurückgekehrt, und die Greifvögel beginnen im Frühjahr mit der eigenen Brut. Während der Brutzeit macht bei den Sperbern nur das Männchen Beute. Es ist so klein, daß es sich an die Tauben nicht heranwagt oder sie nicht fassen kann. Doch schon im Hochsommer werden die Sperberweib-

len dringen sofort tief in den Brustkorb ein. Im Winter fliegen Habichte sogar bis an die Schläge heran. Ein Tier, das von einem vor dem Schlag sitzenden Habicht geschlagen wird, ist rettungslos verloren, da die dolchartigen Krallen sich tief in den Brustkorb hineinsenken und die Taube zum Ersticken verurteilt ist. Da die Habichte ab Ende März selbst brüten, ziehen sie sich wieder aus den geschlossenen Ortschaften zurück. Nach wissenschaftlichen Untersuchungen stellen Haus- und Ringeltauben 20–45 % des Beuteanteiles der Habichte.

Sperber

Der Sperberbestand in Deutschland wird auf 3000 bis 7000 Brutpaare geschätzt. Lange, kalte Winter führten schon immer zu Nahrungsmangel und Bestandsreduzierungen. Sperber lieben eine offene Parklandschaft. In den letzten Jahren sind sie mehr und mehr verstädtert und dringen zur Brut in die Städte ein, da sie von den Menschen niemals bejagt werden. In seiner Jagdweise ähnelt das Sperberweibchen dem Habicht. Häufig sitzt es unerkannt in einem Baum, um dann blitzschnell in einen Taubenschwarm hineinzustoßen. Der Aufenthalt von Sperbern in einem bestimmten Gebiet wird auch von guten Beobachtern zumeist nicht erkannt, es sei denn, die Singvögel beginnen ein aufgeschrecktes Warngezeter und verschwinden in dichtem Gebüsch. Nur während des Frühlings ist das Sperber-

weibchen mit der eigenen Brut beschäftigt und wird vom Terzel ernährt. In der übrigen Jahreszeit werden die Tauben vom Sperberweibchen geschlagen. Das Jagdgebiet der Sperber ist das offene Gelände, während der Habicht mehr in baumbestandenen Gebieten lebt. Das Sperberweibchen frißt sein Opfer, wie der Wanderfalke, sogleich am Fangplatz, während der Habicht sein Opfer zum nächsten Dickicht oder zum Waldrand bringt und es restlos verzehrt, während das Sperberweibchen nur die Fleischteile aufnimmt.

Wanderfalken

Die gefährlichsten Greifvögel für Tauben sind die Wanderfalken. Ihr Hauptbrutgebiet liegt in Baden-Württemberg und in Bayern. Ihr Bestand nimmt weiter zu. Die Körpermasse des Männchens beträgt etwa 650 g, die des Weibchens um 1050 g. Sie sind Flugjäger und lassen mit einer Stoßgeschwindigkeit bis zu 300 km/h unseren Haustauben keine Chance. Sie verzehren ihre Beute dort, wo sie sie geschlagen haben. In Mitteleuropa machen Tauben etwa ein Drittel ihrer Nahrung aus. Sie bevorzugen offenes Gelände und meiden ausgedehnte Waldflächen. Wo Wanderfalken sich aufhalten, kommt es immer zu Verlusten an Tauben, vor allem auch, wenn die Wanderfalken im Winterhalbjahr durch die Gegend streifen und am jeweiligen Aufenthaltsort ihre Nahrung suchen.

Nach dieser Übersicht über die Lebensweise der Greifvögel ergeben sich für die

Taubenzüchter die Konsequenzen. Diese können ganz kurz zusammengefaßt werden: Spätestens Anfang Oktober sollte man den Tauben keinerlei Freiflug mehr gewähren. Erst Ende April sollte man sie wieder herauslassen. Noch Mitte April konnten starke Verluste durch Greifvögel festgestellt werden. Die Brieftauben benötigen vor Beginn der Vor- und Wettflüge zunächst Flugtraining am Haus. Bei der Gewährung von Freiflug um den Taubenschlag wurde im zeitigen Frühjahr schon manches wertvolle Tier von einem Greifvogel geschlagen und alle Hoffnungen auf erfolgreiches Abschneiden bei den Wettflügen der kommenden Saison wurden zunichte gemacht. Abgesehen davon, verlieren auch die im Nest liegenden Jungtauben während der Aufzucht einen Elternteil. Der besondere Schutz für heranwachsendes Leben sollte nicht nur für unsere einheimischen Wildtiere, sondern auch für unsere Haustiere Gültigkeit haben. Bei Kunstflug-, Hochflug- und Dauerflugtauben drängt die Zeit im Frühjahr nicht so sehr. Man sollte mit dem Freiflug bis zum Mai warten. Diese Maßnahme ist jedenfalls solange nötig, wie Sperber, Baumfalken und Wanderfalken in geschlossenen Ortschaften nicht einmal gefangen werden dürfen, es sei denn, auf Antrag eines Taubenhalters wurde hierfür eine Sondergenehmigung erteilt. Über tatsächliche Erteilungen solcher Sondergenehmigungen ist allerdings nichts bekannt. Mit der Abwendung einer Bedrohung durch Aussterben solcher Greifvögel hat dies alles nichts zu tun, denn in ganz Europa und Westasien sind tausende von Zuchtpaaren vorhanden, deren Nachzucht immer wieder in Gebiete vordringt, die von ihrer Art nicht ausreichend besetzt sind. Bei vernünftigen Jagdgesetzen ist eine Bestandserhaltung jedenfalls gewährleistet.

Ernährung und Fütterung

Zusammensetzung der Futtermittel

In der Fachliteratur wird seit Jahrzehnten über die richtige Ernährung und die praktische Fütterung geschrieben. Trotzdem ist es bisher nicht gelungen, die wissenschaftlichen Erkenntnisse in das Bewußtsein der Masse der Züchter zu bringen. Bei der Fütterung denkt man in der allgemeinen Praxis vor allem an die Verabreichung einzelner Komponenten und beurteilt sie danach, ob sie gern oder ungern von den Tauben gefressen werden. Entscheidend für den Futterwert ist aber nicht die Beliebtheit der einzelnen Futtermittel bei den Tauben, sondern der Gehalt an verschiedenen lebensnotwendigen Nahrungsinhaltsstoffen. Selbstverständlich müssen die verabreichten Futtermittel dann auch freiwillig von den Tauben gefressen werden.

Beliebtheitsreihe der Futtermittel

Wie bei allen Tieren, so gibt es auch bei den Tauben für die einzelnen Futtermittel eine Beliebtheitsreihe, das heißt, verabreicht man ihnen eine Futtermischung, so picken sie sich zunächst die Komponenten heraus, die sie am liebsten fressen. Jedoch ist die Beliebtheit auch abhängig von der Gewohnheit und von der Jahreszeit. Beim Versuch, die Beliebtheit festzustellen, ergibt sich nachstehende Reihenfolge, die aber von Fall zu Fall auch etwas wechseln kann : Weiße Erdnußkerne, gelbe Erbsen, Wicken, geschälter Reis, Weizen, kleiner Mais, weißes Milocorn (Dari), Haferkerne, grüne Erbsen, rotes Milocorn, Rapssaat, Hirse, braune Erbsen, kleine Ackerbohnen.

Diese Reihe wird wohl mehr durch das Aussehen als durch den Geschmack bestimmt, denn die Tauben haben nur einen sehr gering ausgebildeten Geschmackssinn. Immer werden sie helles Futter dem dunklen Futter vorziehen. Das gleiche gilt für viele andere Vögel. Bei kaltem Wetter werden gern große Maiskörner verzehrt. Dies mag aber auch daran liegen, daß bei geringeren Umgebungstemperaturen das Hungergefühl ansteigt und die Tauben dann alle ihnen geeignet erscheinenden Futtermittel gierig aufnehmen.

Viele Züchter glauben, was die Tauben besonders gern fressen, sei auch für ihre Ernährung besonders gut. Diese Meinung sitzt sehr fest. Gut für die Ernährung ist aber nur, was den erforderlichen Bedarf an Nährstoffen, Mineralstoffen, Spurenelementen und Vitaminen deckt. Einige Sämereien werden von den Tauben mit Vorliebe gefressen, aber sie sind auf Dauer zu eiweiß- und zu fettreich. Als Teil der Gesamtnahrung sind sie dagegen sehr wertvoll. Weizen wird gern gefressen, ist aber als alleiniges Futter für die Jungtieraufzucht zu eiweißarm. Außerdem fehlt allen Samenkörnern ein ausreichender Gehalt an Mineralstoffen, Spurenelementen und bestimmten Vitaminen, die anderweitig ergänzt werden müssen.

Eine ausgesprochene Lieblingsnahrung der Tauben sind geschälte, weiße Erdnußkerne, die deshalb auch gern als Lockfutter verwendet werden. Sie sind sehr eiweiß- und fettreich, womit sie eine hervorragende Ergänzung zum Getreide aller Art darstellen.

Futterzusammensetzung und Kotbeschaffenheit

Die für Tauben üblichen Futtermischungen mit hohen Gehalten an Leguminosen entstanden durch jahrzehntelange, praktische Erfahrungen, hinsichtlich Gesundheit, Brut und Aufzuchtvermögen und auch hinsichtlich der Kotbeschaffenheit. Man stellte fest, daß Leguminosen das Wachstum der Jungen fördern, weil der in ihnen enthaltene hohe Eiweißgehalt dem erforderlichen Eiweißbedarf besser entspricht als reines Getreide. So sind im Laufe der Jahrzehnte ganz empirisch Futtermischungen entstanden, mit denen die gewünschten Ziele in der Fütterung der Tauben erreicht wurden.

Der Grund für die feste Kotbeschaffenheit bei Verfütterung von Leguminosen liegt mit an ihrem hohen Tanningehalt. Tannin ist ein in bestimmten Samenkör-

nern enthaltener Gerbstoff mit adstringierender Wirkung. Durch ihn wird der Wassergehalt im Darm vermindert, was zur Ausscheidung eines festeren Kotes führt. Die unverdauten Anteile an Stärke einiger Futtermittel führen zu weichem, schmierigerem Kot, während Gerste die Kotbeschaffenheit günstig beeinflußt. Schmieriger, zu weicher Kot entsteht aber auch durch einen zu hohen Kochsalzanteil im Futter. Breiiger Kot muß also nicht immer ein Hinweis für einen gestörten Gesundheitszustand sein.

Vollwertige Versorgung

Über hundert Jahre Forschung in der Tierernährungswissenschaft haben uns Erkenntnisse gebracht, die weit über diese einfachen Dinge der Fütterung hinausgehen. Alle Lebewesen leben nicht direkt von der Nahrung, die sie aufnehmen, sondern nur von den verdaulichen Anteilen der in ihr enthaltenen Inhaltsstoffe. Die lebensnotwendigen oder dem Körper nützenden Nahrungsinhaltsstoffe werden eingeteilt in Nährstoffe, Mineralstoffe, Vitamine, Spurenelemente und zusätzliche Leistungsförderer. Wird neben dem Taubenkörnerfutter auch ein Taubenpreßfutter verfüttert, oder werden die Tauben nur mit Preßfutter ernährt, erhalten sie jeden Tag vollwertige, leistungsgerechte Futtermischungen mit allen lebensnotwendigen Inhaltsstoffen in ausreichenden Mengen. Viele Tauben bringen mit einem vollwertigen Preßfutter eindeutig bessere Leistungen. Vollwertig in diesem Sinn heißt, es muß durch seine Inhaltsstoffe den erforderlichen Bedarf an Nährstoffen, Mineralstoffen, Spurenelementen und Vitaminen voll abdecken. Außer Picksteinen, die dem Instinkt der Tauben zur Aufnahme von Grit entgegenkommen und frischem Wasser braucht man ihnen keine andere Nahrung zur Verfügung zu stellen.

Die im Preßfutter enthaltenen Mengen an Nahrungsinhaltsstoffen sind auf jeder Packung angegeben. Preßfutter macht das Füttern einfacher, vollwertiger und trägt dazu bei, Fütterungsfehler zu vermeiden. Die Jungtiere wachsen schneller heran, sie sind kräftiger, die Zuchtpaare schreiten schneller zur nächsten Brut. Das Federkleid aller Tauben ist sauberer und glänzender, vorausgesetzt, die Tauben sind im und am Körper frei von Parasiten.

Taubenpreßfutter wird bereits seit Jahrzehnten mit großem Erfolg an Tauben verfüttert. Es dauert aber wohl Jahrzehnte, bis sich dieses vollwertigere Futter neben dem Taubenkörnerfutter vollends durchgesetzt hat. Bei seinem Einsatz muß man allerdings darauf achten, daß es etwa den gleichen Energiegehalt besitzt, wie ein übliches Körnerfutter. Bei der Einführung von vollwertigem Hunde- und Katzenfutter hat es auch einer jahrzehntelangen Entwicklung bedurft.

Inhaltsstoffe entscheiden

Es gibt in der Nahrung fünf verschiedene Stoffgruppen, aus denen der Organismus seine Nährstoffe und Ballaststoffe aufnimmt. Dies sind Eiweiß, Fett, Stärke, Zucker und Rohfaser. Alle diese Stoffgruppen variieren in großer Vielfalt.

Eiweiß. Das Eiweiß ist aus über 35 verschiedenen Aminosäuren aufgebaut, von denen mindestens 10 nicht gegeneinander ausgetauscht werden können, sondern über die Nahrung direkt zugeführt werden müssen. Man spricht von essentiellen Aminosäuren, zu denen Lysin, Methionin, Cystin, Threonin und das Tryptophan gehören.

In besonderen Leistungssituationen kann ein Zusatz bestimmter Aminosäuren, wie Methionin oder Lysin sinnvoll sein, wenn beim schnellen Wachstum der Jungtiere ein hoher Aminosäurebedarf besteht, der mit den verabfolgten Futtermitteln nicht ausreichend gedeckt werden kann. Allerdings sind die vorliegenden Erfahrungen noch sehr gering. Im Futter für anderes Hausgeflügel sind Methioninzusätze heute eine Selbstverständlichkeit.

Fett. Fette sind ein Gemisch von verschiedenen Glycerin-Fettsäureverbindungen, die je nach Zusammensetzung eine flüssige, feste oder harte Beschaffenheit haben. Als Futterzusätze werden flüssige und weiche Fette bevorzugt. Sie lassen sich besser untermischen, und ihre Verdaulichkeit ist besser als die der harten Fette. Futteröle lassen sich in Mengen von 2–3 % gut im Körnerfutter untermischen. Pro 1 % Futteröl wird der Energiegehalt des Körnerfutters etwa um 1,5 % erhöht. Sollen pulverförmige Vitamine und Medikamente über das Futter verabfolgt werden, so kann man das Pulver zusammen mit Futteröl mit einer geeigneten Körnerfuttermenge zusammenmischen. Das Vitamin-Öl-Gemisch bleibt an der Oberfläche des Getreides kleben und wird von den Tauben auf diese Weise aufgenommen.

Stärke und Zucker. Diese Nährstoffe bezeichnet man auch als Kohlenhydrate. Unsere Körnerfrüchte enthalten 40–60 % Stärke und etwa 1–5 % Zucker. Beide Nährstoffe sind Hauptenergielieferanten in der Taubennahrung. Die Stärke ist immer hochverdaulich, besser als der Zucker. Es gibt Rohr- und Rübenzucker, Traubenzucker und Milchzucker. Traubenzucker geht direkt in die Blutbahn über und wird als Energiespender über das Trinkwasser verabreicht. Bei hohen Zuckeranteilen (im Futter) wird der Kot weicher.

Rohfaser. Dieser Sammelbegriff steht für mehrere für die Tauben unverdauliche Stoffe, vor allem Zellulose, Hemizellulose und Lignin. Sie dienen im Darm als Füllstoffe zur Erhaltung der Darmperistaltik. Sie vermindern bei höheren Anteilen die Verdaulichkeit der Gesamtnahrung. Diese Tatsache kann bei Standfütterung durchaus genutzt werden, um trotz der Aufnahme großer Futtermengen eine Verfettung der Tauben zu vermeiden. Tauben haben einen sehr kurzen Darm und sind bei Leistungsfütterung auf die Aufnahme von Nahrung mit niedrigem Rohfaser- und hohem Energiegehalt angewiesen.

Umwandlung im Stoffwechsel

Nach der Verdauung werden alle Kohlenhydrate und teilweise auch das Fett im Stoffwechsel zu Traubenzucker umgewandelt, in der Leber als Glykogen gespeichert und ständig je nach Bedarf des Organismus ins Blut abgegeben. Die Abgabe erfolgt so exakt, daß das Blut ständig einen Gehalt von 0,15 % Glykogen aufweist. Dies ist ein höherer Glykogengehalt als bei Säugetieren, deren Blut nur 0,1 % Glykogen enthält. Vielleicht liegt darin das Geheimnis für die lang andauernden Flugleistungen der Tauben.

Mineralstoffe und Spurenelemente

Bei den Mineralstoffen handelt es sich um verschiedene Salze vom Kalzium, Phosphor, Natrium, Kalium und Magnesium. Sie werden ständig als Bausubstanz im Skelett und in den Zellen sowie in unzähligen Verbindungen im Stoffwechsel und bei der Osmose der Körperzellen benötigt. Immer ist eine zusätzliche Verabfolgung von Mineralstoffen zum üblichen Körnerfutter erforderlich. Vor allem im Körnerfutter fehlt es an Kalzium, Phosphor und Natrium. Es gibt mehr als zehn lebensnotwendige Spurenelemente. Die meisten sind ausreichend als natürliche Bestandteile in der Nahrung enthalten. Die wichtigsten Spurenelemente, die über die Nahrung ergänzt werden, sind Eisen, Kupfer, Mangan, Jod und Selen. Sie werden den Mineralstoffmischungen oder vollwertigem Preßfutter als Salze beigemischt.

Eisen und Kupfer sind Bestandteile der roten Blutkörperchen. Ein Mangel an ihnen würde zu einer Verringerung der Anzahl der roten Blutkörperchen und damit zu einer geringeren Leistungsfähigkeit führen. Von den lebensnotwendigen Vitaminen sind die meisten in der täglichen Nahrung enthalten. Nur reicht ihre Menge bei starker Beanspruchung durch die Brut oder bei großen Flugleistungen nicht immer aus. Um in der Ernährung sicher zu gehen, werden Vitamingemische als Sicherungszusatz über das Futter oder über das Trinkwasser verabfolgt, um ernährungsbedingte Leistungseinbußen abzublocken.

Bei den Vitaminen unterscheidet man die fettlösliche und die wasserlösliche Gruppe. Fettlöslich sind die Vitamine A, D_3, E und K_3, wasserlöslich sind die Vitamine B_1, B_2, B_6, B_{12}, Nicotinsäure, Pantothensäure, Folsäure, Biotin, Cholin und Vitamin C. Bei stoßweiser Verabfolgung wird nicht bedacht, daß die Vitamine lebensnotwendige Nahrungsbestandteile sind, die ständig und nicht stoßweise vom Organismus benötigt werden. Über ein vitaminiertes Preßfutter kann eine ausreichende Vitaminzufuhr zu jeder Mahlzeit erfolgen.

Praktische Taubenfütterung

Die tägliche Taubenfütterung kann je nach Leistungsbedarf und Jahreszeit unterschiedlich sein. Zuchttiere erhalten eine Zuchtmischung mit viel Eiweiß und einem hohen Energiegehalt. Den Jungen gibt man ein spezielles Jungtierfutter. Im Herbst erhalten alle Tauben ein Mauserfutter und im Winter ein energiereiches Winterfutter.

Ob mit allen diesen Bezeichnungen auch tatsächlich der Bedarf der Tauben gedeckt wird, steht auf einem anderen Blatt. Körnermischungen als Alleinfutter verabfolgt, enthalten alle zu wenig Mineralstoffe, Spurenelemente und Vitamine. Viele Züchter bieten deshalb zusätzlich mit Spurenelementen angereicherte Mineralstoffmischungen oder Picksteine an. Außerdem geben sie über das Trinkwasser oder über das Futter zusätzlich Vitaminkonzentrate. Auf jeden Fall ist es einfacher, ein Futter zu füttern, in dem alle diese Stoffe in einer dem jeweiligen Bedarf der Tauben abgestimmten Menge enthalten sind. Diese Eigenschaften zeichnen ein vollwertiges Preßfutter aus.

Die einfachste Fütterung ist die Verabfolgung von Alleinfutterpellets. Man muß nur die Menge regulieren. Oder man gibt zwei Drittel Körnerfutter und ein Drittel eines Taubenergänzungsfutters in Form von Pellets. Bei richtiger Abstimmung der Inhaltsstoffe hat man alles richtig gemacht.

Durch optimale Ernährung ist der Bruttrieb der Tauben stärker, die Jungen wachsen im Nest schneller, das Federkleid der Tauben ist besser und glänzender und die Mauser verläuft schnell und problemlos.

Wenn man bei der Ernährung von Tieren gezielt vorgehen will, dann muß man wissen, welche Stoffe in der Nahrung lebensnotwendig sind, wie hoch der Gehalt an diesen Nahrungsinhaltsstoffen in den einzelnen Futtermitteln ist und wie groß der Bedarf an allen diesen Stoffen bei den zu ernährenden Tieren ist. Durch die tägliche Fütterung wollen wir nicht nur den Hunger der Tauben stillen. Wir wollen auch, daß sie durch richtige Ernährung gesund bleiben, ihr volles Temperament entwickeln, problemlos zur Brut schreiten, immer befruchtete Eier haben und ihre Jungen schnell und frohwüchsig aufziehen. Außerdem erwarten wir von ihnen, wenn es sich um Flugrassen handelt, daß sie ihre Flugkünste vorführen oder ihre Dauerflüge bei hervorragender Kondition absolvieren. Die hierfür verwendeten Körnerfuttermischungen und die Rezepturen von Preßfutter sind in der Tabelle „Praktische Futtermischungen" aufgeführt.

Gritfütterung

Die Definition von Grit ist nicht eindeutig. Einmal versteht man darunter kleine Steine, die von den Tauben zum Zerkleinern der Nahrung im Magen benötigt werden, zum anderen spricht man aber auch von Muschelgrit, also kleinen Muschelstücken, die vor allem der Kalziumversorgung des Organismus dienen. Daher gibt es für Tauben spezielle Gritmischungen, in denen verschiedene Bestandteile enthalten sind. Bewährt haben sich Gritsteine in rechteckiger Form, aus denen die Tauben sich mit Vorliebe Steine und Kalkstücke herauspicken. Loser Grit oder Taubensteine werden in einem kleinen Gritfutterautomaten von etwa 20 cm Länge und 14 cm Breite mit drei Zentimeter hohen Seitenwänden verabreicht. Nach oben hat dieser Gritkasten einige Drahtbügel, die ein Draufsetzen oder Hineintreten der Tauben verhindern.

Futterwerttabellen

In den Futterwerttabellen sind die Gehalte an den wichtigsten Rohnährstoffen, Mineralstoffen und Aminosäuren von Taubenfutterkomponenten aufgeführt.

Beurteilung der Futtermischungen

Die hier angeführten Futtermischungen sind der Praxis entnommen. Läßt man bei einer Betrachtung zunächst einmal das Preßfutter und die Gerste außen vor, so zeigt sich, daß der Roheiweißgehalt der Körnerfuttermischungen für verschiedene Haltungsperioden nur um 1,5 % und der Energiegehalt nur um 0,7 MJ/kg schwankt. Das sind keine gravierenden Unterschiede, die durch die Aufnahme unterschiedlicher Futtermengen entsprechend dem Energiegehalt des Futters noch vermindert werden, denn die Tauben nehmen von einem Futter mit hohem Energiegehalt geringere Mengen auf und umgekehrt.

82

Rohnährstoff- und Energiegehalt von Taubenfutterkomponenten

in %	Wasser	Roh-asche	Roh-eiweiß	Roh-fett	Roh-faser	NFE*)	Stärke	Zucker	MJ/kg**)
Weizen	13,0	1,8	11,4	1,8	2,5	69,5	57,2	3,3	12,3
Gerste	13,0	2,5	10,2	1,9	4,7	67,7	52,7	2,4	11,3
Mais	15,5	2,4	9,4	4,1	2,4	67,1	63,3	1,4	13,6
Hafer	11,3	2,9	12,0	4,7	9,5	59,6	38,6	1,6	10,1
Hafer, geschält	12,0	2,1	13,9	5,9	2,5	63,6	53,5	1,4	13,5
Milocorn, Dari	13,0	1,7	10,5	2,9	1,9	70,0	50,2	1,0	11,1
Rohreis	11,7	5,3	8,6	2,2	8,7	63,5	56,5	5,3	15,8
Reis, poliert	12,0	1,7	8,0	4,1	3,8	70,4	62,0	4,1	14,6
Erbsen	15,0	3,0	22,2	1,2	5,8	52,8	42,2	5,7	12,3
Wicken	12,0	3,2	29,1	1,6	5,7	48,4	28,4	3,7	10,3
Bohnen	13,2	3,6	26,9	1,2	7,7	47,4	45,2	3,4	12,6
Cardisaat	10,0	3,3	22,0	30,0	30,0	4,7	1,5	2,2	14,2
Rapssaat	10,0	4,7	22,3	40,8	7,7	14,5	0,2	7,8	12,1
Erdnüsse, enthülst	5,2	2,4	28,0	47,8	3,5	12,3	0,0	1,8	16,5
Sojabohnen	12,0	4,6	35,5	17,6	5,2	25,1	4,7	6,7	13,6
Sonnen-blumensaat	12,0	2,9	16,8	31,5	21,4	15,4	0	0	14,3
Sonnen-blumen, geschält	12,0	3,5	24,3	45,2	3,0	12,0	0	0	18,8
Speiseöl	1,0	0	0	99,0	0	0	0	0	36,3
Leinsaat	12,0	4,3	21,8	32,1	6,3	23,5	0	3,2	17,6
Hirse	12,0	2,9	11,4	4,0	4,5	65,2	51,9	0,7	13,4

*) NFE = stickstofffreie Extraktstoffe
**) MJ = Megajoule, Maßstab für den Energiegehalt des Futters

Sicherlich hat man in Jahrzehnten mit dem Zuchtfutter mit 14–14,5 % Roheiweiß gute Erfahrungen gemacht. Züchter schwerer Rassen stellten jedoch fest, daß die Aufzuchtergebnisse mit einem Futter mit 15–16 % Roheiweiß besser sind. Das Winterfutter soll nur den Erhaltungsbedarf decken und ist mit 13,2 % Roheiweiß ausreichend ausgestattet. Dagegen erfolgt in der Mauserzeit die Bildung der neuen Federn, die hauptsächlich aus Eiweißsubstanzen bestehen, daher muß in dieser Zeit der Eiweißgehalt diesem erhöhten Bedarf angepaßt werden. Der Gehalt an allen übrigen Nahrungsinhaltsstoffen liegt bei den verschiedenen Mischungen eng beieinander. Dies verwundert nicht, da hier gleiche Komponenten nur mit unterschiedlichen Mengen verwendet werden. Sie entsprechen in ihrer Auswahl der Beliebtheitsreihe der Komponenten und haben sich in Jahrzehnten als Taubenfutter

Mineralstoff- und Aminosäurengehalte

in %	Kalzium Ca	Phosphor P	Natrium Na	Methionin	Lysin	Methionin und Cystin
Weizen	0,09	0,35	0,02	0,18	0,30	0,43
Gerste	0,08	0,38	0,02	0,16	0,36	0,28
Mais	0,03	0,36	0,01	0,17	0,24	0,36
Hafer	0,15	0,35	0,03	0,18	0,44	0,49
Hafer, geschält	0,06	0,37	0,02	0,22	0,60	0,66
Milocorn, Dari	0,10	0,27	0,03	0,19	0,22	0,38
Rohreis	0,04	0,12	0,01	0,10	0,31	0,22
Reis, poliert	0,02	0,18	0,01	0,20	0,17	0,48
Erbsen	0,08	0,42	0,02	0,23	0,16	0,57
Wicken	0,14	0,45	0,02	0,40	0,19	0,62
Bohnen	0,14	0,40	0,01	0,21	1,68	0,53
Cardisaat	0,09	0,28	0,02	1,13	1,04	1,88
Rapssaat	0,40	0,65	0,01	0,42	1,20	0,08
Erdnüsse, enthülst	0,07	0,41	0,01	0,34	0,98	0,93
Sojabohnen	0,28	0,57	0,04	0,53	2,24	1,06
Sonnen- blumensaat	0,20	0,40	0,02	0,35	0,57	0,67
Sonnen- blumen, geschält	0,28	0,47	0,01	0,39	0,56	0,51
Leinsaat	0,27	0,52	0,08	0,44	0,83	0,79
Hirse	0,03	0,29	0,01	0,22	0,16	0,44

bewährt. Es gibt Züchter, die ihre Tauben in gewissen Winterperioden mit reiner Gerste ernähren. Deshalb wurden die Inhaltsstoffe von Gerste zum besseren Vergleich hier mit angeführt. Sie fallen im Vergleich deutlich ab, so daß die Tauben bei reiner Gerstenfütterung unzulänglich versorgt werden. Das kann ihr Wohlbefinden und ihre Widerstandskraft schwächen. Deshalb sollte man solche Fütterung nicht lange beibehalten und schon gar nicht empfehlen.

Alle angeführten Körnerfuttermischungen haben einen zu geringen Gehalt an Kalzium, Phosphor, Natrium, den Aminosäuren Methionin, Lysin und Cystin sowie an den meisten Vitaminen. In der freien Natur sieht dies etwas anders aus. Da fressen die Tauben auch Insekten, kleine Muscheln, kleine Würmer und viel Grünzeug. Jedoch bietet die Natur auch nur selten eine optimale Versorgung mit allen essentiellen Nahrungsinhaltsstoffen.

Gewissenhafte Züchter bemühen sich, der optimalen Versorgung ihrer Tauben durch vielseitige Fütterung möglichst nahe zu kommen. Ihre Tauben erhalten eine Gritmischung und einen Pickstein zur

Rohnährstoff-, Mineralstoff-, Aminosäuren- und Energiegehalt verschiedener Taubenfutter

in %	Winter-futter	Zucht-futter	Zucht-futter, kleinkörnig	Mauser-futter	Gerste	Preß-futter, Alleinfutter	Preß-futter, Ergänzungs-futter
Weizen	16	22	28	27		37	40
Gerste	30	5		11	100		
Mais	21	27		19		22	
Hafer, geschält		3					
Milocorn, rot	5	8	22	11			
Dari, weiß	5	5	22				11
Erbsen, gelb	7	10	8	12		10	
Erbsen, grün	6	8	7	8			
Erbsen, braun	5	5		5			
Wicken		7	10	7			
Bohnen	5						
Sojaschrot						22	40
Futteröl						3	3
kohlens. Kalk						1,7	2,6
phosphors. Kalk						1,0	2,0
Viehsalz						0,3	0,4
Vitaminzusatz						1,0	1,0
Gehalt in %	100	100	100	100	100	100	100
Wasser	12,7	12,6	12,7	12,6	12,0	11,8	11,5
Rohasche	2,4	2,4	2,2	2,4	2,5	5,4	7,7
Roheiweiß	13,2	14,5	14,3	14,7	10,2	18,9	23,8
Rohfett	2,3	2,5	2,2	2,2	1,9	5,0	4,5
Rohfaser	3,9	3,5	3,2	3,7	4,7	3,4	3,5
NFE	65,5	64,5	65,4	64,4	68,7	55,5	49,0
Stärke	53,0	52,1	49,0	51,3	52,7	52,0	50,0
Zucker	2,8	3,0	2,8	3,2	2,4	4,0	4,7
Ca	0,08	0,07	0,09	0,08	0,08	1,0	1,60
P	0,37	0,37	0,33	0,37	0,38	0,57	0,78
Na	0,02	0,02	0,02	0,02	0,02	0,14	0,18
Methionin	0,18	0,18	0,21	0,20	0,16	0,27	0,34
Lysin	0,60	0,69	0,62	0,63	0,36	0,94	1,26
Methionin und Cystin	0,38	0,45	0,44	0,44	0,28	0,60	0,74
MJ/kg	12,0	12,2	11,5	12,0	11,0	14,4	14,2

freien Aufnahme. Auch Mineralstoffmischungen werden angeboten. Kleingeschnittener grüner Salat wird immer gern genommen. Über das Trinkwasser wird hin und wieder ein Vitaminstoß mit einigen oder mit den meisten der lebensnotwendigen Vitamine verabfolgt. Alles zusammengenommen macht viel Arbeit und bietet doch nicht die Garantie für eine vollwertige Ernährung.

Preßfutter bietet vollwertige Ernährung

Seit Jahrzehnten werden auf dem Markt Taubenfutter-Pellets angeboten. Sicher sind nicht alle Rezepturen ideal zusammengesetzt. Aber auch die Zurückhaltung der Züchter ist groß. Ein Pelletfutter, das alle Nährstoffe, Mineralstoffe, Spurenelemente und Vitamine in den dem Bedarf entsprechenden Mengen enthält, bietet dem Organismus der Tauben eine ideale Versorgung. Häufig wollte man über das Preßfutter Grünmehle an Tauben verfüttern. Das ist unsinnig, denn sie sind viel zu rohfaserreich.

Grünfutter wird für eine gesunde Ernährung nicht benötigt, wenn dem Futter alle lebensnotwendigen Vitamine in ausreichenden Mengen zugesetzt werden. Auch die zusätzliche Verabfolgung von Mineralstoffsteinen und Muschelgrit ist bei Pelletfütterung nicht erforderlich. Trotzdem werden sie den Tauben angeboten, da die Tauben instinktmäßig gern an den Taubensteinen herumpicken und

ebenso gern grüne Salatblätter hinunterschlucken.

Eine stoßweise Verabfolgung von Vitaminen ist wenig sinnvoll, da sie im Körper ständig benötigt werden. Nur einige von ihnen, nämlich die fettlöslichen Vitamine A, D, E und K können im Körper gespeichert werden, während die mit einem Vitaminstoß verabfolgten wasserlöslichen B-Vitamine zum größten Teil wieder ausgeschieden werden. Preßfutter sind in ausreichendem Maße voll vitaminiert, so daß die benötigten Vitamine zu jeder Mahlzeit aufgenommen werden. Das macht die Tauben leistungsfähiger in der Zucht und widerstandsfähiger gegenüber Infektionen.

Sehr wichtig ist auch, daß vollwertig ernährte Tauben langsamer altern und einige Jahre länger zuchtfähig bleiben. Hervorragend vererbende Tiere können so ihr wertvolles Erbgut länger an ihre Nachzucht weitergeben.

Taubenfutterpellets sollen ein helles Aussehen haben, da Tauben helle Nahrung bevorzugen. Bei den angeführten Rezepturen wird dieses Ziel erreicht. Dunklere Pellets werden nur gierig aufgenommen, wenn helleres Futter nicht zur Verfügung steht. Aber schließlich ist es wichtiger, unsere Tauben vollwertig zu ernähren, als daß wir ihnen nur das verabfolgen, was sie am liebsten fressen. Kein Tier ist in der Lage, sich durch eigene Auswahl der einzelnen Futtermittel vollwertig zu ernähren; es frißt immer gerade das, was ihm am besten schmeckt. Nach den Bestimmungen des deutschen Futtermittelgesetzes lassen sich in Taubenfutterpellets auch Mittel gegen bestimmte immer wiederkehrende Krankheiten, wie die Kokzidiose oder die Trichomoniasis einarbeiten. Solche Futter sind teilweise frei verkäuflich, teilweise können sie als Fütterungsarzneimittel mit dem Attest eines Tierarztes bezogen werden. Es ist eine einfache Methode, diese Infektionen über das Futter sicher zu bekämpfen.

Kombinierte Fütterung

Alleinfutterpellets können an alle Tauben ohne Zufutter verabfolgt werden. Für kleinere Rassen sind sehr kleine Pelletdurchmesser erforderlich. Gut haben sich solche von 1,8–2,5 mm bewährt. Die Rezepturen sind so gewählt, daß sich mit ihnen harte Pellets herstellen lassen. Trotzdem kann ein Mischfutterhersteller nicht zaubern und der Kunde sollte stets etwas Abrieb, der sich nie ganz vermeiden läßt, in Kauf nehmen. Dafür hat der Taubenhalter den Vorteil, preisgünstig ein vollwertiges Futter an seine Tiere verabreichen zu können. Die Aufstellung der Inhaltsstoffe zeigt, daß es ohne weiteres möglich ist, neben den Alleinfutterpellets auch eine Körnermischung anzubieten. Es hat sich bewährt, zu den Pellets etwa 10 g Körnermischung, ein Drittel der Tagesration, pro Tier und Tag mit zu verfüttern.

Ergänzungsfuttermittel

Mit dem im Fachhandel erhältlichen Tauben-Ergänzungsfutter soll alles, was den Tauben in der Körnermischung für eine vollwertige Ernährung fehlt, ergänzt werden. Sein Gehalt an Roheiweiß, Mineralstoffen, Spurenelementen, Aminosäuren und Vitaminen ist höher als im Alleinfutter, so daß eine Zugabe von etwa 10 g Pellets (Ergänzungsfutter) pro Tier und Tag genügt, um den Bedarf für Zucht- und Aufzuchttiere abzudecken. Einfacher und preiswerter kann man eine vollwertige Taubenernährung nicht gestalten.

Die Futtermengen sollen immer so bemessen werden, daß sie von den Tieren auch restlos aufgenommen werden. Bei der Übertragung von Preßfutter von den Eltern zu den Jungen von Schnabel zu Schnabel bestehen keinerlei Probleme. Hierüber existieren jahrzehntelange Erfahrungen. Allerdings sollten Taubenpreßfutter mit deutlich höherem Rohfaseranteil und niedrigeren Energiegehalten abgelehnt werden. Tauben haben einen kurzen Darm und sind auf die Verwertung energiereichen Futters angewiesen. Nur in der Zuchtruhe, nach der Mauser, sind energieärmere Futter angebracht, um ein Verfetten der Tauben zu vermeiden.

Winterfutter

Ein typisches Winterfutter, das nach der Mauser ab November bis zum Zuchtbeginn verfüttert wird, kann so aussehen:

Beispiel für eine Winterfuttermischung

	Roh-eiweiß %	Energie-gehalt MJ/kg
21 % kleinkörniger Mais		
(Cinquantino-Mais)	9,4	13,6
5 % Dari, weiß	10,5	11,1
5 % Milocorn, rot	10,5	11,1
16 % Weizen, hellgelb	11,4	12,3
7 % runde gelbe Erbsen	22,2	12,3
6 % runde grüne Erbsen	22,2	12,3
5 % braune Erbsen	22,2	12,3
5 % kleine Ackerbohnen	26,9	12,6
30 % schwere Gerste	10,2	11,3
100 %	Gehalt: 13,6	12,7

Diese Mischung ist vielseitig zusammengesetzt. Sie enthält für die Zuchtruhe einen ausreichend hohen Roheiweißgehalt und einen hohen Energiegehalt.

Sämereienmischungen

Diese Futtermischungen sind sehr vielseitig zusammengesetzt und enthalten überwiegend kleine Samenkörner, die sehr gern von den Tauben gefressen werden. Man gibt diese Mischungen zusätzlich zum üblichen Futter nach hohen Leistungen, zum Beispiel nach Flugwettbewerben, aber auch zur Vorbereitung auf diese. Neben kleinkörnigen Samen sind in diesen Mischungen häufig auch geschälte Getreidekörner von Hafer, Gerste, Reis und Sonnenblumen enthalten. Die wichtigsten Komponenten sind in der Futterwerttabelle aufgeführt.

Sämereienmischungen haben viel Ähnlichkeit mit Futtermischungen für Stubenvögel. Man sagt ihnen besondere Wirkungen nach, die aber nie bewiesen wurden. So sollen sie die Tauben hitzig machen, das heißt, ihnen bei der Anpaarung und bei der Aufzucht der Jungen besonders viel Kraft verleihen, oder es soll sie besonders fit machen vor großen Dauerflugleistungen. Das ist natürlich alles Wunschdenken. Was real dabei herauskommt, ist, daß die Tauben durch das zusätzliche Angebot an Sämereien noch einmal zum Fressen angeregt werden, wenn sie eigentlich von ihrem üblichen Körnerfutter schon satt sind. So nehmen sie zusätzlich noch Nahrung auf, die vorwiegend in die Energiereserven des Körpers gehen. Das ist aber ein ganz natürlicher Vorgang, den man mit anderen Futtermitteln, die in der Beliebtheitsreihe obenan stehen, auch erreichen kann.

Wasserverbrauch

Wer jeden Tag seine Tauben füttert und tränkt und sie dabei beobachtet, stellt fest, daß der Wasserverbrauch je nach Umgebungstemperatur sehr unterschiedlich ist. Im kalten Winter saufen die Tauben sehr wenig Wasser, während sie in der Sommerhitze große Mengen aufnehmen. Die benötigte Menge an Trinkwasser ist vor allem abhängig von der Feuchtigkeitsmenge, die ständig mit der Atemluft ausgeschieden wird. Zusätzlich verläßt eine bestimmte Wassermenge den Körper durch die Ausscheidung mit dem Kot. Sie spielt aber mengenmäßig keine große Rolle, wie

88

auch die Verdunstung über die Haut durch das Federwerk hindurch praktisch keine Rolle spielt. Das im Körper vorhandene Wasser kommt nicht nur über Trinkwasser in den Körper. Frißt eine Taube etwa 35 g Futter am Tag, dann enthält dieses, je nach Zusammensetzung etwas wechselnd, etwa 14 % Eiweiß, 60 % Stärke, 5 % Zucker und 4 % Fett. Das ergibt pro Tag einen Verbrauch von 4,2 g Eiweiß, 18 g Stärke, 1,75 g Zucker und 1,4 g Fett. Würden alle diese Nährstoffe im Körper oxidiert, so würden die in der Tabelle aufgeführten Mengen an Wasser und Energie freigesetzt.

Da die Verdauung im Darm nicht zu 100 % erfolgt und auch die Stoffwechselprodukte nicht vollständig oxidiert werden, können wir annehmen, daß bei dem hier angesprochenen Beispiel aus 35 g Futter im Stoffwechsel unter anderem etwa 12–15 g Wasser und rund 100 Kalorien gebildet werden. Die durch Oxidation der Nährstoffe im Stoffwechsel entstandene Wassermenge ist beachtlich, wenn man sie zum Gesamtbedarf pro Tag in Beziehung setzt. Säuft eine Taube bei 20 °C Lufttemperatur etwa 60–70 g Wasser pro Tag, beträgt der Anteil des bei der Oxidation entstehenden Wassers immerhin noch etwa 20 % der getrunkenen Wassermenge.

Der Wasserverbrauch der Tauben richtet sich in erster Linie nach dem Feuchtigkeitsverlust über die Atmung. Es wird immer mit Feuchtigkeit gesättigte Luft aus der Lunge ausgeatmet. Bei Körpertemperatur enthält diese Luft etwa 50 g/m^3 Wasser, während die eingeatmete Luft bei ei-

Durch Oxidation der Nährstoffe entstehende Wasser- und Energiemengen

	Wasser g	Energie cal
1 g Eiweiß	0,47	3,8
1 g Stärke	0,60	4,1
1 g Zucker	0,60	4,1
1 g Fett	1,07	9,4
Das ergibt pro Tag		
aus Eiweiß	1,96	15,96
aus Stärke	10,80	73,80
aus Zucker	1,05	7,18
aus Fett	1,50	13,16
	15,31	110,10

ner relativen Sättigung der Luftfeuchtigkeit von 80 % bei 20 °C nur etwa 14 g/m^3 Wasser enthält. Eine Taube benötigt pro Tag zur Sauerstoffversorgung etwa 250 Liter Luft. Unter diesen Bedingungen betrüge der Feuchtigkeitsverlust als Differenz zwischen dem Wassergehalt der eingeatmeten und der ausgeatmeten Luft etwa 10 g Wasser. Folglich müssen weitere Wassermengen nicht nur über den Kot,

Abhängigkeit des Wasseraufnahmevermögens der Luft bei unterschiedlichen Temperaturen

Temperatur °C	Sättigungsmaximum in g Wasser/m^3 Luft
0	4,8
5	6,8
10	9,4
15	12,8
20	17,3
25	23,1
30	30,3
35	39,6
40	51,1

Sauerstoffbedarf für die Oxidation von Nährstoffen im Organismus

Nährstoff	Sauerstoffbedarf (O_2) in mol	in g
1 g Eiweiß	0,04269	0,683
1 g Fett	0,08985	1,438
1 g Stärke	0,03700	0,592
1 g Zucker	0,3506	0,561

sondern auch über normale Körperverdunstung ausgeschieden werden.

Die Tabelle zeigt, wie wenig Feuchtigkeit aus der Atemluft und aus dem Kot bei kühler Witterung von der Umluft aufgenommen werden kann. Eine ständige Frischluftzufuhr im Schlag ohne Zugluft ist wohl der beste Weg, um das Klima für die Tauben so günstig wie möglich zu gestalten, denn mit Feuchtigkeit gesättigte Luft im Schlag ist der erste Schritt für das Ausbrechen von Atemwegserkrankungen. Gute Hygiene und frische Luft sind die besten Vorbeugungsmaßnahmen.

Sauerstoffverbrauch

Nimmt eine Taube in 35 g Futter pro Tag ungefähr 4,2 g Eiweiß, 18 g Stärke, 1,75 g Zucker und 1,4 g Fett auf, dann benötigt sie zur Oxidation und Energiegewinnung hierfür ungefähr 1,9 mol Sauerstoff, wie die Tabelle zeigt.

Das ergibt auf die im Körper oxidierte Nährstoffmenge umgerechnet ungefähr einen Bedarf von 1,9 mol oder 42 Liter Sauerstoff. Berücksichtigt man, daß die Umsetzung nicht vollständig erfolgt, so kann man mit einem Bedarf von rund 40 Liter Sauerstoff rechnen. Da in 1 m³ Luft etwa 200 Liter Sauerstoff enthalten sind, benötigt eine Taube je nach Aktivität schätzungsweise 10 Liter Luft pro Stunde. Eine andere Untersuchung gibt den geschätzten Bedarf mit 30 Liter Sauerstoff pro Tag an und kommt auf einen Bedarf von 27,5 Liter Luft pro Stunde. Wenn der Atemluft auch nur ein Teil des Sauerstoffes entnommen wird, so müßten danach die Tauben bei 2500 Atemzügen pro Stunde mit jedem Atemzug 10 ml Luft einatmen. Diese Angabe ist daher sicher zu hoch. Nach den eigenen Berechnungen dürften pro Atemzug in eineinhalb Sekunden höchsten 4 ml Luft eingeatmet werden. Genauere Angaben über diese an sich einfachen physiologischen Vorgänge wären für die Zukunft wünschenswert. Gerade bei großen Beständen wäre es dann möglich, die für eine ausreichende Sauerstoffversorgung und Feuchtigkeitsaufnahme aus den Ausscheidungen benötigte Luftmenge zu berechnen. Sehr häufig sind geschlossene Schläge in den Wintermonaten viel zu feucht und dadurch auch ungesund für die Tauben.

Ablauf eines Zuchtjahres

Um die praktische Taubenhaltung und -zucht richtig durchzuführen, bedarf es bestimmter Maßnahmen zu bestimmten Zeiten, die sich alljährlich wiederholen. Deshalb soll im folgenden der Ablauf eines vollen Jahres beschrieben werden. Am besten macht man den Schnittpunkt in der ruhigsten Zeit. Das ist die Zeit nach dem Ende der Ausstellungssaison und vor Beginn der Brutsaison. Diese Zeit fällt in den Februar.

Februar - Zeit der Zuchtruhe

Der Bestand wurde schon gründlich durchgelesen. Der Schlag wird nur noch von Zuchttieren für die kommende Saison bevölkert. Auch die Neuzugänge sind im Laufe des Winters eingetroffen. Der Bestand wurde bereits im Dezember oder Januar nach Geschlechtern getrennt. Oft ist es im Februar draußen sehr kalt. Die Tauben können die Kälte vertragen. Aber auf zwei Dinge muß man achten.

1. Der Schlag soll wohl viel frische Luft enthalten. Niemals darf aber Zugluft entstehen. Zugluft erzeugende Öffnungen müssen verschlossen werden.
2. Keine Taube ist vor Erfrierungen sicher, wenn sie auf metallischen Flächen sitzen muß. Die Verwendung von metallischen Sitzflächen ist daher bei der Ge-

staltung der Inneneinrichtung (Zwischenböden, Einflugboden, Sitzstangen) grundsätzlich zu vermeiden.

Wenn Anfang März mit der Zucht begonnen werden soll, wird es jetzt Zeit, an die Vorbereitungen zu denken, damit die Tauben in der Zuchtzeit nicht mehr gestört werden müssen als es unbedingt notwendig ist.

Die Impfung aller Tauben gegen Paramyxo-Viren steht an. Sie muß von einem Tierarzt durchgeführt werden. Entweder kommt der Tierarzt in den Schlag oder aber, man korbt seine Tauben ein und geht mit ihnen nach Voranmeldung in die Praxis. Für die Zuchttiere wählt man am besten den Ein-Jahres-Impfstoff, so hat man bis zum nächsten Jahr Ruhe.

Wichtig ist die Auflistung der Ringnummern aller Tiere, da sie auf der Impfbescheinigung mit angegeben werden müssen. Tauben ohne Impfbescheinigung dürfen nicht ausgestellt und nicht zu anderen öffentlichen Veranstaltungen mitgebracht werden.

Für die Untersuchung einer Sammelkotprobe ist es ebenfalls Zeit. Der Kot wird auf Salmonellen, Kokzidien, Rundwürmer und Haarwürmer untersucht. Bei positivem Befund wird sofort eine Kur über das Trinkwasser eingeleitet. Eine anschließende Kontrolluntersuchung gibt Aufschluß darüber, ob die Kur angeschla-

Legeliste

Nest Nummer	Ringnummern der Eltern	Legedatum 2. Ei	Ringnummern der Jungen	Nest Nummer	Ringnummern der Eltern	Legedatum 2. Ei	Ringnummern der Jungen
1	Täuber	14.3.	521–522	6	Täuber	17.3.	511
	CB-96-842	6.5.	529–530		CB-96-851	7.5.	540–541
	Täubin	28.6.	547		Täubin	6.7.	554–555
	RF-95-142	21.8.	564–565		CB-96-849	24.8.	569
2	Täuber	14.3.	523–524	7	Täuber	16.3.	505–506
	CB-96-824	9.5.	532–533		GA-93-196	11.5.	531
	Täubin	4.7.	551		Täubin	10.7.	561
	CB-96-831				CB-96-878		
3	Täuber	13.3.	525–526	8	Täuber	14.3.	512–513
	DH-94-324	10.5.	534		CB-96-831	12.5.	537
	Täubin	3.7.	552		Täubin	6.7.	559
	RF-95-137				DH-94-311	17.8.	567–568
4	Täuber	13.3.	516–517	9	Täuber	13.3.	518–520
	RF-95-144	7.5.	527–528		GA-93-191	6.5.	542
	Täubin	1.7.	549–550		Täubin	5.7.	545–546
	RF-95-147	11.8.	562–563		CB-96-852		
5	Täuber	17.3.	519	10	Täuber	28.3.	423
	CB-96-827	8.5.	538–539		CB-96-367	27.4.	557–558
	Täubin				Täubin	6.6.	424–425
	CB-96-818				EH-96-117		

gen hat. Mit der erneuten Probenahme muß man aber solange warten, bis ein Ausscheiden unwahrscheinlich geworden ist.

Um nicht bei der Aufzucht wertvolle Jungtiere zu verlieren, wird grundsätzlich vor Zuchtbeginn eine Trinkwasserkur gegen Trichomonaden durchgeführt. Zur Verbesserung des Bruttriebes kann man die letzten zwei Wochen vor der Anpaarung das Tageslicht durch zusätzliche Beleuchtung auf 14 Stunden erhöhen. Die Tauben sind dann paarungswilliger.

Schon längst hat man sich an langen Winterabenden einen Paarungsplan gemacht. Meistens paart man die besten Tie-re jeden Geschlechtes aneinander, wenn zu enge Inzucht nicht dagegen steht. Nach diesem Plan werden die Nistzellen zunächst auf dem Papier vergeben. Alte Täuber erhalten ihre vorjährige Nistzelle wieder.

Alte Weibchen bekommen die alte Nistzelle nur, wenn ihr vorjähriger Täuber nicht mehr im Bestand ist. Sehr kampffreudige jährige Täuber sollen möglichst keine Nistzelle zu ebener Erde bekommen, da sie dann versuchen, den gesamten Schlagboden zu beherrschen. Hat man mehr Zellen als Zuchtpaare, so bleiben die unteren Nistzellen frei. Das ergibt mehr Ruhe auf dem Fußboden. Ohnehin neh-

Auch bei klarem Frostwetter lieben es die Tauben, draußen in der Sonne zu sitzen.

men die Tauben am liebsten die oberen Zellen an.

Als Nahrung bekommen die Tauben das Winterfutter, wie es im Kapitel Fütterung beschrieben wurde. Ein Pickstein sollte immer im Schlag vorhanden sein. Wenn das Trinkwasser gefriert, muß man es zweimal am Tag erneuern. Dazu muß man wissen, daß die Tauben grundsätzlich nach dem Fressen saufen. Bequemer ist es natürlich, wenn Strom vorhanden ist, einen elektrischen Tränkenwärmer unter jede Tränke zu stellen. Er verbraucht gerade nur so viel Strom, wie zum Frostfreihalten des Trinkwassers erforderlich ist. Der Schlag wird täglich gesäubert, was

wenig Mühe macht, da der Kotanfall in dieser Jahreszeit nicht sehr groß ist. Ist der Kot hart gefroren, so läßt man ihn liegen, entfernt ihn aber, sobald höhere Temperaturen dies zulassen.

März – der Paarungsmonat

Viele Züchter paaren ihre Tauben in der ersten Monatshälfte des März. Der Tageslichteinfluß ist nun so stark, daß die Tauben paarungswillig geworden sind. Das Zusammensetzen erfolgt am besten am späten Nachmittag, da ängstliche Tiere sich in den Nachtstunden in der Dunkelheit an ihren Partner gewöhnen können. Versteht ein Paar sich absolut nicht, wird es sich während der Nacht nicht gleich durch Bisse verletzen. Man sollte dann aber schon am nächsten Morgen zur Stelle sein, um eventuell regulierend eingreifen zu können.

Gleich nach dem Zusammensetzen muß man das Verhalten jedes einzelnen Paares beobachten. Läuft der Täuber mit gesenktem Schwanz auf seine Täubin zu und duckt sich diese, ist in den meisten Fällen schon Harmonie hergestellt. Legt der Täuber sich in die Nistschale und wird von der Täubin liebevoll am Kopf gekrault, kann man davon ausgehen, daß bei diesem Paar die gemeinsame Brutwilligkeit vorhanden ist.

Für junge Täubinnen sind die neue Nistzelle und das Benehmen des Täubers zunächst etwas fremd und ungewohnt. Manchmal sind sie in den ersten Stunden noch abweisend. Wenn sie paarig sind, dauert dieser Zustand nicht sehr lange.

Jedes Paar wird mit Futter und Wasser in Zellennäpfen in seiner Zelle versorgt. Nach einem Tag haben sie sich an ihre Zelle gewöhnt. Vorsichtig läßt man ein Paar nach dem anderen heraus und beobachtet, ob es die Zelle von selbst wieder anfliegt. Wenn Tauben eine fremde Zelle anfliegen oder mit einem anderen Partner sympathisieren, muß man regulierend eingreifen und solche Tiere nochmals einsperren. Damit wäre die Anpaarung geschafft.

Erst nach einer Woche legt man Material zum Nestbau in den Schlag, damit es nicht unnötig verschmutzt. Vielmehr soll-

ten sich die Täuber gleich darauf stürzen und unermüdlich Halm auf Halm zu ihrem Weibchen tragen.

Wenn alles vorzüglich geklappt hat, schlüpfen 30 Tage nach der Anpaarung die ersten Jungen. Am 10. bis 15. Tag nach der Anpaarung werden die meisten Eier gelegt. Da es noch recht kalt ist, sitzen die Weibchen sehr fest auf ihren Nestern. In den ersten Tagen lassen sie sich nur ungern von ihren Partnern ablösen. Die Täuber übernehmen das Brutgeschäft für vier bis sechs Stunden pro Tag. Nach dem Legen kehrt eine gewisse Ruhe ein und die Täuber sind bemüht, ihre Nistzelle vor anderen Schlaginsassen zu beschützen.

April – Monat der Aufzucht

Wenn nicht schon geschehen, wird es höchste Zeit, die Fußringe zu besorgen, ihre Nummern zu kontrollieren und die Zuchtliste vorzubereiten.

Der April ist ausgefüllt mit der Aufzucht der ersten Jungen. Eierschalen liegen im Schlag umher. Bebrütete Eier, aus denen keine Jungtiere schlüpfen, werden aus den Nestern entfernt.

Haben zwei Zuchtpaare je ein gleichaltes Junges, so wartet man bis zum Beringen, um dann dem einen Paar beide Jungen unterzulegen. Das andere Paar kann zur neuen Brut schreiten.

Unmittelbar nach dem Beringen jedes Tieres wird seine Nummer in die Liste eingetragen. So werden Verwechslungen vermieden.

Feste Nistzellenböden werden mit Papier ausgelegt und sobald der Kot der Jungen über den Schalenrand fällt, täglich mit dem Kot entfernt. Der Kot aller Tiere muß eine feste Beschaffenheit haben. Weicher Kot deutet auf Parasiten im Darm. Eine vom Tierarzt untersuchte Kotprobe bringt Gewißheit. Gegen alle Infektionen gibt es wirksame Medikamente.

In der zweiten Monatshälfte kann man sich Gedanken machen, wann man den Alttieren zum ersten Mal im Frühling Freiflug gewährt. Auf keinen Fall werden die Tauben, wenn sie sich auf das Dach gewagt haben, gejagt. Man überläßt sie sich selbst. Die Flugfreudigkeit wird ohnehin von Tag zu Tag größer. Sollte ein Tier während dieser Zeit verloren gehen, werden die Jungen vom anderen Elternteil allein großgezogen.

Bei nunmehr steigenden Temperaturen baden die Tauben besonders gern. Man sollte ihnen das wöchentliche Bad nicht vorenthalten. Am liebsten liegen sie anschließend auf dem Dach, um ihre Federn zu trocknen. Insekten, die im Gefieder leben, können auf diese Weise gar nicht erst zur Entwicklung kommen.

Ende das Monats steigen Futterverbrauch und Kotanfall, da die Jungen in ihre Hauptwachstumsphase kommen.

Mai - Absetzen der Jungtiere

Ende April bis Anfang Mai sind die Jungen der ersten Zucht flügge. Solange sie bei den Eltern leben und noch gefüttert werden, stellt man ihnen zusätzlich Zellennäpfe mit Futter neben die Nistschale. Zunächst sind sie neugierig und pulen in dem Futter herum. Doch schon bald beginnen sie, das eine oder andere Korn aufzufressen. Ist der Unterflügel zugefiedert, wird es Zeit zum Absetzen. Junge mit Fehlfarben werden am besten gleich aussortiert. Sie haben die Größe zum Schlachten erreicht. Bei ihnen muß das Rupfen besonders vorsichtig erfolgen, da die Haut noch sehr zart ist und leicht einreißt.

Die übrigen Jungtiere kommen in den Jungtierschlag und werden an das selbständige Leben gewöhnt. Kommen bei einem an sich guten Zuchtpaar auch bei der zweiten Brut wiederum Jungtiere mit Fehlfarben heraus, sollte man es mit einer Umpaarung versuchen, denn andere Kombinationen der Elterntiere führen häufig in der Zucht zu anderen Resultaten. So ist das Züchten guter Tauben nicht nur mit Fachwissen zu erreichen, sehr häufig muß zusätzlich auch das Züchterglück mit dabei sein.

In der nun aufkommenden Frühlingswärme werden die Tauben immer munterer, ja meistens sogar übermütig. Raufereien unter den Täubern sind keine Seltenheit. Flugtauben freuen sich auf den Freiflug. In der Luft merkt man ihnen ihre Lebensfreude an. Das Benehmen in der Luft, wie Flugdauer, Flughöhe, Flughäufigkeit und Akrobatik sind von Rasse zu Rasse sehr unterschiedlich.

In diesen Tagen werden die ersten Schwungfedern abgestoßen; man merkt dies beim täglichen Säubern des Schlages.

Junge, abgesetzte Temeschburger Schecken (Roller) müssen im Jungtierschlag das Fressen lernen.

Die ältesten Jungtiere beginnen nun, beim Freiflug weitere Kreise zu ziehen. Es wird Zeit, die Jungtauben richtig zu erziehen. Läßt man sie hungrig heraus, werden sie lernen, nach dem Flug zur Fütterung gleich wieder in den Schlag zurückzukehren. Wer nicht gleich kommt, muß eine Mahlzeit überschlagen. Auch die Jungen beginnen mit der Mauser. Bei manchen Rassen kann dies Farbveränderungen mit sich bringen. Sollten sich diese negativ auswirken, lohnt es nicht, solche Tiere noch lange zu behalten.

Juni – die Jungen entwickeln sich

Im Juni ist der Bestand am größten, denn noch sind alle Zuchttiere vorhanden und bei den Jungen kann Anfang Juni die zweite Brut abgesetzt werden. Die Vermehrungsrate der Tauben ist so groß, daß nur eine scharfe Auslese vor Übervölkerung schützt. Hat man bereits genügend Jungtiere zur Bestandsverjüngung aufgezogen, wird auch die Qualität der Alttiere mit der der Jungtauben verglichen. Alttiere, die selbst nicht besser beurteilt werden als ei-

96

Junge silberfarbige Rostower Positurtümmler zeigen bereits beim Absetzen ihre typische Körperhaltung.

ne Reihe von Jungen, müssen verschwinden. Bei Alttauben mit hervorragenden Qualitäten, die selbst keine gute Nachzucht gebracht haben, wird man prüfen, ob man sie noch ein weiteres Jahr behalten soll.

Die Jungtauben der ersten Zucht werfen im Laufe des Monats die zweite und dritte Schwungfeder. Etwa alle drei Wochen wird von innen nach außen die jeweils nächste Feder abgestoßen.

Durch tägliche Beobachtung wird die Gesundheit der Jungen kontrolliert.

Kommt ein Jungtier bei der Fütterung nicht sofort herunter zum Fressen oder fliegt es beim Herauslassen nicht sogleich mit dem übrigen Schwarm mit, sollte man es näher untersuchen. Meistens ist dieses Verhalten eine Folge von Darmerkrankungen. Diese können durch einen Befall mit Kokzidien oder Hexamiten verursacht sein. Neben den beschriebenen Erkrankungen treten manchmal nicht ganz geklärte Infektionen mit pathogenen Coli-Bakterien auf. Sie führen zu Apathie und Darmentzündungen mit schleimigem Kot.

Soweit darf es erst gar nicht kommen. Durch Kuren über das Trinkwasser nach Anweisung eines Tierarztes hält man den Bestand gesund, so daß die Jungtauben sich ohne Beeinträchtigungen weiterentwickeln können. Mykoplasmen sind die Vorläufer des Schnupfens, der aber nur bei verminderter Abwehrkraft zum Ausbruch kommt. Jungtiere müssen ihr Abwehrsystem noch aufbauen. Die Erreger sind latent in den Tauben vorhanden. Sie sind nicht zu erkennen, schwächen jedoch die Leistungsfähigkeit und Widerstandskraft der Jungtauben. Wenn der Tierarzt aufgrund einer Diagnose eine Antibiotika-Kur empfiehlt, sollte man sie unbedingt durchführen.

Allen Tauben gibt man jede Woche die Möglichkeit zum Baden. Danach legen sie sich gern in die warme Sonne, um ihre Federn zu trocknen, Anschließend folgt eine sorgfältige Federpflege mit dem Schnabel.

Etwa einen Monat nach dem Absetzen verändern die Jungen ihre Stimme. Aus dem Piepen wird der typische dunklere Laut erwachsener Tauben. Die ersten Jungtäuber beginnen mit dem Gurren, sie laufen im Kreis, um ihren Schlaggefährten zu imponieren und versuchen, sie wegzubeißen.

Juli - Aufzucht der letzten Jungen

In der zweiten Junihälfte ist die dritte Brut geschlüpft. Diese Jungen wachsen bei dem warmen Wetter schnell heran. Ihre Eltern haben es bei der Vorbereitung des nächsten Geleges nicht mehr so eilig. Das Brutgeschäft hat an ihnen gezehrt. Sie kommen Mitte Juli zu ihrem vierten Gelege. Die meisten der hieraus fallenden Jungen wird man nicht mehr behalten, es sei denn, daß einige ganz besonders gute Prachtexemplare aus ihnen hervorgehen. Spät geborene Tiere können bis zum Beginn der Austellungszeit nicht mehr ausreichend durchmausern. Praktisch sind sie nur als Zuchttiere für das nächste Jahr zu gebrauchen. Das wird aber nur geschehen, wenn sie außerordentlich gute Qualitäten im Hinblick auf die gestellten Forderungen ihrer jeweiligen Rasse aufweisen.

Für Flugtauben kommt nun die schönste Zeit. Bei warmem Wetter tummeln sie sich sehr gern in der Luft. Die Jungtauben sind dabei die eifrigsten Flieger. Sind es Roller oder Purzler, so werden sie sich im Überschlag gegenseitig übertreffen wollen.

Sind es Hochflieger, so steigen sie hoch in den Himmel hinauf. Oft sind sie dann nur noch in Mückengröße zu erkennen. Dauerflieger, wie die Flugtippler, können nur an den längsten Tagen des Jahres zeigen, daß sie über 15 Stunden oder länger in der Luft bleiben können. Zum Training läßt man sie nur am frühen Abend heraus. Erst am Wettflugtag werden sie bei Sonnenaufgang gestartet. Normale Flugtauben drehen minutenlang ihre Kreise, landen auf dem Dach, um bald danach zu einem neuen Flug anzusetzen.

Spätestens jetzt müssen alle Tauben gegen Paramyxo-Viren geimpft werden. Nimmt man den Jahresimpfstoff, so hat man Ruhe bis zum nächsten Sommer.

August - Beginn intensiver Mauser

Obwohl die Brutlust im August noch vorhanden ist, sollte man den Tauben jetzt Ruhe vom Brutgeschäft gönnen. Dabei kann man die Brutzeit ganz langsam ausklingen lassen, indem man rechtzeitig frisch gelegte Eier durch Gipseier ersetzt. Die Tauben brüten dann noch die volle Zeit auf dem Gelege, doch die anschließende Aufzucht der Jungen entfällt. Will ein Zuchtpaar, nachdem es vom Gelege gelaufen ist, erneut zur Zucht schreiten, trennt man die Geschlechter.

Nach einigen Tagen kommen die Tiere dann in eine intensive Mauser. Manchmal werden die Köpfe fast kahl und Federn werden an allen Körperteilen abgestoßen. Der Bruttrieb läßt bei allen Tauben nach. Wenn man sie gewähren läßt, züchten sie in etwas größeren Abständen unentwegt weiter.

Es gibt Tauben, die wie krank herumsitzen; es ist aber nur die Mauser, die zu diesem Aussehen führt. Streitlustige Täuber werden nun bedeutend ruhiger. Der Schlag liegt voller Federn aller Größen. Mit dem Staubsauger lassen sie sich schnell und einfach entfernen. Man gibt den Tauben ein eiweißreiches Mauserfutter, damit sie genügend Eiweiß und innerhalb des Eiweißes genügend schwefelhaltige Aminosäuren für die Bildung der Federn zur Verfügung haben. Deshalb füttert man Körnermischungen mit etwa 13,5–14% Roheiweiß oder ein Taubenalleinfutter für die Mauser in Pelletform. Mausernde Tauben dürfen weder unter Vitamin- noch unter Mineralstoffmangel leiden. Auf ständig ausreichende Versorgung muß geachtet werden.

Während der Mauser machen einige Tauben einen lustlosen Eindruck. Das ist nicht weiter schlimm. Die Zeit der Mauser vermindert bei ihnen das Wohlbefinden. Diese Zeit geht jedoch schnell vorüber. Haben sich die neuen Federn entwickelt, so erstrahlen sie im neuen Glanz. Sie müssen gut gepflegt werden, denn sie sollen nun ein ganzes Jahr halten.

September - Vorbereitung auf die Ausstellungen

Gesunde Alttauben und die Frühbruten sind nun in der Mauser weit vorangeschritten. Ihr Federkleid hat sich weitgehend erneuert. Ist der Bestand noch zu groß, wird noch einmal scharf durchselektiert. Haben sich die Formen, Farben und Zeichnungen nach der Mauser nicht ausreichend entwickelt oder ausgebildet, so wird man sich kurzentschlossen von diesen Tieren trennen, da weder die Aussicht auf Erfolg auf den Schauen vorhanden ist, noch eine ausreichend gute Vererbung im nächsten Zuchtjahr erwartet werden kann.

Auf den Ausstellungen müssen sich alle Tauben in ihrer vollen Schönheit zunächst den Preisrichtern und dann den Besuchern präsentieren. Deshalb muß man sie hierauf vorbereiten, indem man sie immer mal wieder für ein paar Stunden oder auch über Nacht in einen Ausstel-

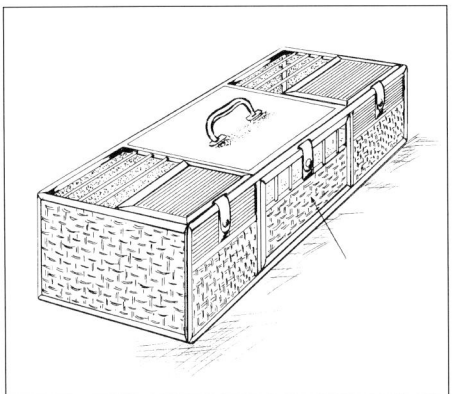

Transportkorb mit Auflaßklappe.

stellungszeit Kuren durchgeführt werden müssen. Ausscheider können nicht nur andere Tiere anstecken; vielmehr leiden sie selbst unter diesen Erregern, was durch vermindertes Temperament, stumpferes Gefieder und weniger leuchtende Läufe zum Ausdruck kommt. Ausstellungstauben müssen ein glattes seidiges Gefieder haben, das durch die Hand gleitet, ihre Nasenwarzen müssen reinweiß leuchten und die Läufe sollen in kräftigem Rot erscheinen.

Für die Ausstellungen müssen die Anmeldungen rechtzeitig an die Schauleitungen eingereicht werden.

Oktober - die Ausstellungen beginnen

Bei den meisten Tauben werden die drittletzte und vorletzte Handschwinge geworfen. Auch die Schwanzfedern sind fast vollständig erneuert. Alle neuen, kleinen Federn sind voll ausgebildet. Die Tiere präsentieren sich in ihrem schönsten Federkleid.

Alle Täuber und Täubinnen werden getrennt gehalten, damit die Täuber sich nicht beim Treiben oder bei Rivalenkämpfen die Federn und die Köpfe beschädigen. Wenn sie beim Treiben der Weibchen mit dem Schwanz den Stallboden fegen, werden die Schwanzenden allzu leicht in Mitleidenschaft gezogen.

Die Jungtiere werden den Alttauben zugeordnet. Miteinander lebend kann man sie besser beobachten und vergleichen. Je

lungskäfig setzt, damit sie sich an diese Umgebung und auch an die nahe an sie herantretenden Menschen gewöhnen. Andernfalls kann es passieren, daß sie auf einer Ausstellung flatternd an der Käfigwand sitzen. Bei Kröpfern spielt dies eine besonders wichtige Rolle, da sie bei der Bewertung keinerlei Scheu zeigen dürfen. Vielmehr muß ihr Imponiergehabe siegen und sie müssen, wenn ein Mensch in ihre Nähe kommt, ihren Kropf mit aller Intensität aufblasen. Man kann die Tauben in kurzer Zeit an diese Ausstellungsbedingungen gewöhnen, wenn man dies zum Training in einem Austellungskäfig mit ihnen übt.

Am Ende der Zuchtsaison und der Mauser werden alle Schläge gründlich gereinigt und auf die Winterhaltung vorbereitet.

Eine erneute Kotuntersuchung gibt Aufschluß darüber, ob noch vor der Aus-

Tauben sind Frühaufsteher. Diese zwei sind zum Abflug für den Rundflug am frühen Morgen bereit.

nachdem, ob Alt- und Jungtauben oder nur Jungtauben zur Schau zugelassen sind, werden die Ausstellungstiere für die jeweilige Schau gewissenhaft vorbereitet.

Der Transport erfolgt in sauberen Transportkörben mit frischen Hobelspänen als Unterlage. Bei weiten Entfernungen wird der Transport mit anderen Züchtern abgesprochen. Ein Gemeinschaftstransport ist meist einfacher und billiger.

Wichtig ist die Vorlage der Ausstellungsunterlagen einschließlich der Impf-

bescheinigung. Der größte Wunsch für die Arbeit eines Zuchtjahres ist eine positive Kritik des Preisrichters über die Qualität der jeweiligen Taube in Verbindung mit einer hohen Benotung. Am Eröffnungstag wird man das Urteil der Preisrichter erfahren und am Ende der Schau mit etwas Glück wertvolle Ehrenpreise als Lohn für ein Jahr erfolgreicher Taubenzucht in Empfang nehmen. Vergleiche mit anderen Tieren der gleichen Rasse und Fachgespräche mit ihren Züchtern zeigen, ob man noch dazulernen muß, ob man sich noch bessere Zuchttauben beschaffen muß oder ob man anderen Züchtern seine eigenen Erfahrungen zur weiteren Förderung der Zucht mitteilen kann.

Tauben, die von einer Ausstellung zurückkommen, bedürfen besonderer Pflege. Sie müssen reichlich gefüttert werden und sich einige Tage von den Anstrengungen des Ausstellungstreibens erholen.

November - Ausstellungen und Winterruhe

Die meisten Ausstellungen auf Orts- und Kreisebene finden im November und Dezember statt. So muß man in dieser Zeit wieder eine Mannschaft für die nächste Ausstellung vorbereiten und termingerecht hinbringen. Das erfordert Ruhe, Genauigkeit und Zeit.

Die Tauben werfen jetzt ihre letzte Armschwinge und die letzten Schwanzfedern. Die Mauser ist damit abgeschlossen. Bei Spätjungen bleibt die Mauser bei den letzten 3 bis 6 Handschwingen stehen. Diese werden im nächsten Frühjahr als erste geworfen.

Bei kaltem, feuchtem Wetter zeigen die Tauben ein größeres Hungergefühl. Sie fressen gern etwas mehr Mais und insgesamt eine größere Portion. Erhalten sie Standfutter, so ist die Gefahr einer Verfettung groß. Deshalb teilt man ihnen das Futter zu, damit sie in einem ausgezeichneten Futterzustand bleiben, aber nicht verfetten.

Ein Freiflug kann bei nebligem Wetter zu Verlusten führen, sei es, daß die Tauben sich verfliegen, da sie bei größerer Entfernung vom Schlag diesen nicht sehen können oder daß sie von einem Greifvogel verjagt oder sogar gefaßt werden. Besser ist es, ihnen keinen Freiflug zu gewähren.

Anstelle eines Mauserfutters wird eine eiweißärmere Winterfuttermischung verabfolgt. In dieser Zeit müssen die Tauben lediglich ihren Erhaltungsbedarf decken.

Vorbereitung der Winterbrut

Bei schweren Rassen werden die Zuchtpaare ausgewählt, die bereits im Dezember wieder mit der Zucht beginnen sollen. Dies werden meistens ältere Tiere sein, die sich auf Ausstellungen bereits ihre Lorbeeren geholt haben und nun für gleich guten oder besseren Nachwuchs sorgen sollen. Man setzt sie, noch nach Geschlechtern getrennt, in einen besonderen Schlag in zwei Abteile. Sie erhalten jetzt Zuchtfutter und man gibt ihnen bis zur erfolgreichen Anpaarung zusätzliche Beleuchtung.

Dezember - Zeit großer Schauen

In den Dezember fallen die Termine für die großen Schauen. Die Landesverbandsschauen, aber auch die Deutsche Nationale Geflügelschau finden jetzt statt. Alle Ausstellungstiere, die Chancen auf einen Erfolg haben und sich schon auf einer kleineren Ausstellung bewährt haben, werden nun für eine große Schau auf Landes- oder auf Bundesebene vorbereitet. Da die Entfernungen zum Ausstellungsort größer sind, muß auch der Transport gemeinsam organisiert werden.

In den nächsten Wochen und Monaten kann es sehr kalt werden. Alle Öffnungen im Schlag werden überprüft, damit keine Zugluft auftritt, aber andererseits doch genügend Frischluft vorhanden ist. Klarer Frost schadet den Tauben nicht. Bedingt durch die Kälte, zeigen sie ein verstärktes Hungergefühl und nehmen alle Futterkörner auf, die ihnen angeboten werden. Damit die Tränken nicht einfrieren, werden sie auf elektrische Tränkenwärmer gestellt.

Die auf die Winterbrut vorbereiteten Tauben werden nun in ihren Nistzellen zusammengesetzt und beginnen zu treiben. Gibt man ihnen genügend Raum, so fühlen sie sich ungestört und es kommt problemlos zur Befruchtung der Eier, die etwa 10 Tage später gelegt werden. Die brütenden Tiere sitzen sehr fest auf den Eiern und fühlen sich selbst dabei warm und geborgen. In den letzten Tagen des Jahres können die ersten Jungtiere des neuen Zuchtjahres schlüpfen. Ist der Bestand noch zu groß, sollte man spätestens in diesen Tagen die letzte Auslese vornehmen. Dabei wird man darauf achten, daß gleichviel Täuber und Täubinnen übrigbleiben und den Bestand für das neue Zuchtjahr bilden. Zweitklassige Tiere zu behalten lohnt nicht. Besser ist es, eine Überbelegung zu vermeiden.

Januar - die Daunenmauser beginnt

Im Januar findet man am Morgen, wenn man den Schlag säubert, auf den Sitzplätzen die in der Nacht abgeworfenen Daunenfedern. Der Beginn der Daunenmauser ist wohl witterungsabhängig; sie beginnt einmal etwas früher, einmal etwas später und zieht sich bis in den Februar hin.

Mit der Sonnenwende im Dezember nimmt die Tageslänge wieder zu. Die Tauben werden trotz der Winterkälte wieder munterer.

Die seit Monaten durchdachte Zuchtplanung muß zu Papier gebracht werden. In der Regel werden die besten Täuber mit den besten Täubinnen gepaart, es sei denn, daß sie zu eng miteinander verwandt sind. Bei manchen Tieren hofft man, durch Ausgleichspaarungen zu einem besseren Zuchterfolg zu kommen.

Wurde der Bestand im Sommer mit einem Halbjahresimpfstoff gegen Paramyxoviren geimpft, ist es nun notwendig, den gesamten Bestand erneut impfen zu lassen.

Trotz der Kälte muß genügend Frischluft in den Schlag hineinkommen können. Ist der Schlagboden zu feucht, bestreut man ihn mit feinem Kies, gemischt mit feinem kohlensauren Kalk (Schlagweiß). So wird viel Feuchtigkeit aufgesaugt und der Boden bleibt trocken, wenn diese Einstreu oft genug erneuert wird.

Da die Tauben in der Kälte ein größeres Hungergefühl zeigen, kann man sie mit

Weiße Pfautauben werden gern als Schmucktauben in Hof und Garten gehalten.

Futter locken und sie näher an sich herankommen lassen. Schon bald fressen sie einem gern aus der Hand. Es ist auch durchaus angebracht, sie ab und zu in die Hand zu nehmen. Sind sie beim Greifen flatterhaft, wartet man bis zur Dunkelheit, um sie dann in aller Ruhe von ihrem Sitzplatz zu nehmen. Man kann sie dann in aller Ruhe aus der Nähe betrachten. Schon manches Mal sind dabei krumme Brustbeinkämme, schiefe Zehen oder nicht normal ausgebildete Federn entdeckt worden. Da solche Fehler nicht erblich sind, sollten sie keinen Einfluß auf das Zusammenstellen der Zuchtpaare haben. Für Ausstellungstauben sind dies grobe Fehler.

Taubenkrankheiten

Wie bei allen Haustieren, gibt es auch bei Tauben Krankheiten, die jederzeit auftreten können und bei Nichtbeachtung zu erheblichen Schäden oder zu empfindlichen Ausfällen führen. Deshalb sollte man die wichtigsten Krankheiten kennen und wissen, was man zur Vorbeuge oder zu ihrer Bekämpfung tun muß. Für eine spezielle Unterrichtung gibt es umfangreiche Literatur. In diesem Zusammenhang soll über mögliches Auftreten und über Maßnahmen zur Vorbeuge oder Bekämpfung geschrieben werden. Es gibt Infektionskrankheiten, deren Erreger praktisch immer gegenwärtig sind und oft nur die Lebenskraft und das Leistungsvermögen der Tauben negativ beeinflussen. Andere Erkrankungen treten jahrelang nicht auf, um dann umso heftiger den ganzen Bestand zu befallen. Gegen die meisten Krankheiten gibt es Medikamente und gegen bestimmte Krankheiten kann man vorbeugend impfen, um einen Ausbruch zu verhindern.

Paramyxovirose

Zu den Krankheiten gegen die vorbeugend geimpft werden kann, gehört die Paramyxovirose. Sie kam im Jahre 1982 nach Deutschland und hat zunächst überall empfindliche Verluste verursacht. Für alle Tauben, die zu Gemeinschaftsveranstaltungen gebracht werden, besteht Impfzwang. Das heißt, zu jeder Ausstellung, die man mit seinen Tauben beschickt, muß eine Impfbescheinigung gegen Paramyxovirose vorgelegt werden. Abgesehen davon, ist es genau so wichtig, seinen gesamten Bestand jedes Jahr erneut zu schützen und vor einem Ausbruch der Erkrankung zu bewahren.

Drei Tage bis drei Wochen nach einer Infektion erkranken bei ungeschützten Tieren die Nieren. Es kommt zu vermehrtem Ausscheiden von Flüssigkeit. Der ausgeschiedene Kot ist von einer Wasserlache umgeben.

Verhängnisvoller sind Störungen des Zentralnervensystems. Dies äußert sich in einem Verdrehen des Kopfes, der Unfähigkeit, das Futter richtig aufzunehmen und ausgesuchte Ziele im Schlag auf Anhieb anzufliegen.

Bei einem Teil der Tiere kann die Krankheit ausheilen, andere sind für die Zucht verloren.

Jungtiere von geimpften Eltern besitzen nur in den ersten Lebenswochen einen ausreichenden Schutz. In der Praxis ist es üblich, alle Jungtauben in der Zeit zwischen Mai und Juli mit einem Halbjahresimpfstoff und alle Alttauben im Februar mit einem Jahresimpfstoff zu schützen. Dann hat man ein Jahr Ruhe und kann auf allen Veranstaltungen eine gültige Impfbescheinigung für die Tauben vorlegen.

Kokzidiose

Jeder Bestand wird alljährlich von Kokzidien befallen. Nur der Grad der Ausbreitung und damit das Ausmaß der Schädigung ist recht unterschiedlich. Die Kokzidiose ist eine Erkrankung des Darmes, die durch einzellige Kokzidien (Protozoen) hervorgerufen wird. Nahezu alle Tauben sind Träger von Kokzidien. Alttauben können eine Immunität gegen Kokzidiose entwickeln. Jungtauben erkranken aber sehr leicht, wenn sich die Erreger massiv in ihrem Darm vermehren. Die Tauben scheiden Oozysten mit ihrem Kot aus. Diese haben eine feste Hülle, die sie vor Beeinträchtigungen schützt. Außerhalb der Tauben machen sie einen Reifungsprozeß durch. Mit Hilfe von Feuchtigkeit, Wärme und Sauerstoff bilden sich in der Oozyste Sporozoiten. Wird eine solche Oozyste von einer Taube aufgenommen, so gelangt sie in den Darm. Die Verdauungssäfte lösen die Hülle auf, und die Sporozoiten dringen in die Zellen des Dünndarmes ein. Durch mehrfache Teilung entstehen aus den Sporozoiten Merozoiten, die in weitere noch unzerstörte Darmzellen eindringen.

Durch mehrfache Teilung kann eine einzige Sporozoite bis zu 2,5 Millionen Merozoiten erzeugen. Aus Merozoiten entstehen dann männliche Mikrogameten und weibliche Makrogameten, die sich zu einer neuen Oozyste vereinigen. Diese wird wiederum mit dem Kot ausgeschieden. Von der Aufnahme einer Oozyste bis zum Ausscheiden einer neuen Oozyste vergehen etwa 4 bis 5 Tage. Eine Neuinfektion der Tauben durch Picken auf dem Boden oder über Saufen verschmutzten Trinkwassers ist ständig gegeben.

Allerdings müssen die Oozysten außerhalb des Körpers mit Feuchtigkeit in irgendeiner Weise in Berührung gekommen sein; dies kann in Verbindung mit feuchtem Kot oder durch Übertragung mit dem Schnabel auf das Trinkwasser geschehen. Diese Tatsache ist zum Beispiel bei manchen Züchtern Grund für einen täglichen Trinkwasserwechsel.

Die zweite Vorsichtsmaßnahme besteht in der Hygiene der gesamten Schlaganlage, indem täglich der Fußboden gesäubert wird.

Aber die wichtigste Abwehr erfolgt durch den Aufbau einer Immunität in den Tieren. Bei starkem Befall ist die Verdauung gestört. Der Kot ist breiartig, wässerig und schleimig. In die zerstörten Darmepithelzellen können krankmachende Bakterien eindringen und zu einer sekundären Darmentzündung führen.

Bei stärkerem Kokzidienbefall, der durch eine Kotuntersuchung nachgewiesen werden kann, ist eine Behandlung mit einem geeigneten Kokzidiosemittel nach Anweisung des Tierarztes erforderlich.

Trichomoniasis oder Gelber Knopf

Auch von dieser Infektionskrankheit sind fast alle Tauben befallen. Die Erreger sind kleine Geißeltierchen (Flagellaten), die unter einem Mikroskop sichtbar werden.

Sie gehören zu den Protozoen. Ihre Länge beträgt etwa ein hundertstel Millimeter. Sie können sich fortbewegen. Während die Alttauben mit den Trichomonaden im Gleichgewicht leben, besitzen die im Nest heranwachsenden Jungtauben kein ausreichendes Abwehrsystem. Bei der kleinsten Verletzung im Rachenbereich, zum Beispiel durch die Spitze eines Getreidekornes während der Fütterung, können Trichomonaden in die Haut eindringen und in der Rachengegend einen ständig wachsenden, käsigen, gelben Knopf bilden, der am Ende zum Erstickungstod des Jungtieres führt. Die Erreger können sich ebenfalls am Nabel und in der Leber festsetzen.

Stark befallene Tiere sind meistens verloren. Um vorzubeugen, sollte jeder Züchter vor Zuchtbeginn seine Tauben einer Behandlung gegen Trichomoniasis unterziehen. Die Verabfolgung eines geeigneten Mittels ist einfach und erfolgt über das Trinkwasser.

Hexamitiasis

Hexamiten sind, wie auch beim Gelben Knopf, Flagellaten. Sie sind bewegliche, einzellige Kleinstlebewesen. Sie bewohnen überwiegend den Darm und können schwere Darmerkrankungen hervorrufen. Diese verlaufen meistens sehr akut, vor allem bei abgesetzten Jungtauben. Erkrankte Jungtiere sind unlustig, sitzen herum, haben ein aufgeplustertes Gefieder und zeigen keine Neigung freiwillig herumzufliegen. Auch Alttauben werden infiziert,

nur zeigt sich bei ihnen der Befall nicht so deutlich. Jedoch sind sie, äußerlich nicht direkt erkennbar, in ihrem Allgemeinbefinden geschwächt, und ihre Lebhaftigkeit ist reduziert. Vor allem bei Flugtauben kann die Leistung erkennbar vermindert sein. Eine Infektion erfolgt hauptsächlich über das Futter und über das Trinkwasser. Gerade das Trinkwasser kann durch den direkten Kontakt mit erkrankten Tauben stark mit Hexamiten kontaminiert sein, wodurch eine Übertragung auf gesunde Tauben ermöglicht wird.

Besonders gefährdet sind die gerade abgesetzten Jungtauben, die offensichtlich gegen Hexamiten keine Immunität besitzen und nach einer Inkubationszeit von mehreren Tagen erkranken. Die Symptome dieser akut auftretenden Darmerkrankung sind wässeriger, schleimiger, übelriechender Kot und schläfriges Herumsitzen. Die Mauser wird bei erkrankten Tauben eingestellt. Eine wirksame, schnelle Behandlung ist mit geeigneten Medikamenten möglich. Sie erfolgt ähnlich, wie die Behandlung der Trichomonaden, praktisch mit den gleichen Medikamenten. Um eine Reinfektion zu vermeiden, sollte eine Behandlung in einem Bestand mindestens sieben Tage lang ununterbrochen durchgeführt werden. Eine genaue Beobachtung der Jungtauben in den ersten Wochen nach dem Absetzen ist sehr zu empfehlen, damit man bei einer Infektion schnell geeignete Behandlungsmaßnahmen ergreifen kann. Bei Dauerflug- und Wettflugtauben erstreckt sich die Beobachtung und die Kontrolle auch auf die Alttauben.

Salmonellose oder Paratyphus

Salmonellen sind bewegliche Bakterien, die mit dem Kot, dem Speichel, mit der Kropfmilch und mit infizierten Eiern ausgeschieden werden. Wieder genesene Tauben können zu Dauerausscheidern werden. Eine Infektion erfolgt oft durch den Kontakt mit fremden, infizierten Tauben.

Zum Ausbruch der Krankheit muß immer eine gewisse Bereitschaft des Körpers und eine massive Infektion gegeben sein. Es gibt mehrere Formen der Salmonellose. Gelangen die Salmonellen bei einer Infektion in den Verdauungstrakt, so dringen sie in die Darmwand ein, und es entsteht innerhalb von 4 bis 5 Tagen eine starke Darmentzündung. Die Folge ist das Absetzen von schmierigem, bräunlichem bis grünlichem, übelriechendem Kot, der oft von einer Pfütze umgeben ist. Die Fähigkeit, das Futter zu verdauen und über die Darmwand dem Stoffwechsel zuzuführen, ist erheblich gestört. So kommt es zur Abmagerung und zum Abbau von Körpersubstanz, was schnell zum Tode führt.

Gelangen die Salmonellen über die entzündete Darmwand in die Blutbahn, so werden sie mit dem Blut in alle Körperteile befördert. Sie setzen sich dann vornehmlich in den Gelenken fest und verursachen Gelenkentzündungen Auch geschwollene Fußballen weisen auf eine Infektion hin.

Setzen die Salmonellen sich in den Organen fest, entstehen dort bis zu haselnußgroße gelblich-graue Knoten. Die befallenen Tauben werden teilnahmslos und verenden.

Wenn die Erreger in Hirn und Rückenmark eindringen, kommt es zu den nervösen Formen der Erkrankung. Die Nerven entzünden sich, wodurch es zu Lähmungserscheinungen von unterschiedlicher Art und zu Gleichgewichtsstörungen kommt.

Zur Gesundheitskontrolle und zur Vorbeuge läßt man eine Sammelkotprobe untersuchen. Bei positivem Untersuchungsergebnis werden als Gegenmittel Furazolidon und Antibiotika nach Anweisung des Tierarztes eingesetzt. Die Behandlung kann sich über einen Monat erstrecken. Bei leichtem Befall kann eine Furazolidon- und Tetracyclinbehandlung über das Trinkwasser erfolgen. Bei schweren Erkrankungen einzelner Tiere wird alle sechs Stunden eine Antibiotikainjektion gegeben. Die Trinkwasserbehandlung erfolgt zweimal fünf Tage lang mit zweitägiger Unterbrechung. Eine gründliche Schlagreinigung muß mit der Behandlung einhergehen.

Taubenpocken

Eine Erkrankung an Pocken kann erfahrungsgemäß alle paar Jahre auftreten. Die Verbreitung erfolgt sehr schnell von Schlag zu Schlag. Die Erreger sind Viren. Das Vorkommen ist in Nord- und Westdeutschland stärker als in Süddeutschland. Die Verbreitung geschieht über direkten Kontakt von Tier zu Tier, durch Flüssigkeitsübertragung über Futter und Tränke und durch die Berührung mit infiziertem Staub. Die sich bildenden Pocken findet man an der unbefiederten Haut, besonders an den Augenrändern und am Schnabel. Die Inkubationszeit beträgt 4 bis 14 Tage.

Wird durch die Infektion nur die äußere Haut befallen, und behält das befallene Tier die Fähigkeit zur Futteraufnahme, so verläuft die Krankheit gutartig und klingt nach etwa 10 Tagen wieder ab. Liegt die Schleimhautform vor, so kann es zur Pockenbildung an Kehlkopf und Schlund kommen, was zum Erstickungstod führen kann.

Schützen kann man die Tauben gegen eine Pockeninfektion nur durch regelmäßiges Impfen vor der Brutsaison und durch Impfen aller Jungtiere im Frühsommer. Geimpft wird mit einem flüssigen Impfstoff, indem man einige Federn am Obschenkel der Taube entfernt und den Impfstoff mit einem harten Pinsel in 3 bis 5 Federfollikel einstreicht. Nach fünf Tagen sieht man bei erfolgreicher Impfung auf den Federfollikeln borkige Auflagerungen, die nach etwa zehn Tagen abheilen. Damit ist der Bestand gegen eine Erkrankung an Pocken geschützt.

Mykoplasmose

Diese Erkrankung tritt meistens im Herbst auf. Allgemein bezeichnen wir die Erkrankung als Schnupfen, der durch Mykoplasmen hervorgerufen wird. Die Erreger sind unbewegliche Bakterien. Eine Erkrankung erfolgt praktisch nur, wenn bei einem schon geschwächten Tier noch andere Infektionen hinzukommen. Die Ansteckung erfolgt durch Trinkwasser, Kot, Futtergeräte und durch direkten Kontakt von Tier zu Tier (zum Beispiel Schnäbeln). 7 bis 14 Tage nach der Ansteckung zeigen die Tauben wässerigen Nasenausfluß, der von Tag zu Tag schleimiger wird. Mund- und Rachenhöhle sind entzündet und angeschwollen. Die Nasenwarzen verfärben sich grau und die Atmung ist erschwert. Röchelnde und schniefende Atemgeräusche sind hierfür die Anzeichen. Entzündungen der Luftsäcke können damit einhergehen. Behandelt wird die Mycoplasmose beim Einzeltier durch wiederholte Injektionen mit einem Antibiotikum und bei einer Bestandsbehandlung durch Antibiotikgaben über das Trinkwasser. Eine Vorbeugebehandlung wird von den Tierärzten empfohlen.

Ornithose

Diese Erkrankung wird durch Chlamydien hervorgerufen. Chlamydien gehören zu den großen Viren. Die Ornithose ist weit verbreitet. Eine Einschleppung erfolgt durch Kontakt mit Tauben aus anderen Schlägen. Sie kann aber auch durch Insekten und von Menschen übertragen werden. Die Krankheit äußert sich durch Nasenausfluß, die Schwellung eines Augenlides, verstärkten Tränenfluß und schließlich in der Verstopfung des Tränenkanals und einem Verkleben der Augenlider. In den meisten Fällen klingt eine Lidbindehautentzündung nach 7 bis 10 Tagen ab. Da der Tränenkanal verstopft ist, läuft die Tränenflüssigkeit ständig aus dem Auge und erzeugt an dem stark angeschwollenen Kopf einen Juckreiz, den die Tauben durch Abwischen des Auges am Flügel mindern möchten. Hierdurch können Verklebungen an den Deckfedern der Flügeldecke entstehen. Stark erkrankte Tiere haben Atembeschwerden. Sie versuchen, diese durch häufiges Niesen und den Juckreiz durch Kratzen am Kopf zu mildern. Die Chlamydien vermehren sich hauptsächlich in Leber, Milz und Knochenmark. Daher schwellen diese Organe, äußerlich nicht sichtbar, an. Bei einer chronischen Verlaufsform treten vermehrt Lidbindehautentzündungen auf. Gibt es im Bestand Ausscheider, so sind die Jungtauben besonders gefährdet. Oft wurden hohe Verluste bei ihnen festgestellt.

Zur Behandlung werden Antibiotika zur Injektion und zur Behandlung über das Trinkwasser eingesetzt. Die Behandlungsdauer kann sich nach Anweisung eines Tierarztes über 36 Tage mit Unterbrechungen erstrecken. Gute Pflege und vollwertige Ernährung tragen zur Erhöhung der Widerstandskraft erheblich bei.

Wurmbefall

Tauben werden von vier verschiedenen Wurmstämmen befallen. Zu den Plattwürmern zählen die Bandwürmer. Sie kommen selten vor. Zu den Rundwürmern gehören die Spulwürmer und die Haarwürmer. Oft sind die Tauben von Luftröhrenwürmern befallen, die sich in der Luftröhre festsetzen.

Verwurmte Tauben sind geschwächt. Es fehlt ihnen die rechte Lebenslust. Sie sind blutarm, haben ein stärkeres Durstgefühl und wirken unlustig. Befallene Jungtauben können soweit abmagern, daß sie verenden.

Darmwürmer entziehen dem Tier Nährstoffe. Viel schlimmer aber ist, daß ihre Ausscheidungsprodukte im Darm giftig wirken und zu den geschilderten Erscheinungen beitragen. Ein Wurmbefall kann durch eine Kotuntersuchung festgestellt werden. Mikroskopisch kann man die einzelnen Wurmeier erkennen und bestimmen. Starker Wurmbefall ist mit Durchfall verbunden.

Eine Behandlung gegen Würmer wird für die Zeit vor Zuchtbeginn und nach Beendigung der Zuchtzeit empfohlen, wenn eine Kotuntersuchung dies rechtfertigt. Bei individueller Behandlung der Tauben mit Wurmkapseln hat man die Gewähr, daß alle Tiere die exakt notwendige Dosis zur Entwurmung erhalten. Ansonsten wird ein Mittel zur Bestandsentwurmung über das Trinkwasser gegeben.

Außenparasiten

Federlinge. Für jeden Züchter sichtbar sind die Federlinge. Wenn man die Schwingen eines Flügels gegen das Licht hält, sieht man bei Befall die Federlinge zahlreich in den Federn sitzen. Sie ernähren sich von

110

Federn und von Hautschuppen. Bei den Tauben gibt es von ihnen allein elf verschiedene Stämme. Einige von ihnen saugen auch Blut. Stärkerer Befall beunruhigt die Tauben.

Die Federlinge leben ständig auf der Taube. Am Schaft der Federn legen sie ihre Eier ab, aus denen Larven schlüpfen, die sich wiederum zu neuen Federlingen entwickeln.

Milben. Schwieriger zu erkennen sind die Milben. Milben haben einen runden Körper mit vier Beinpaaren. Sie haben Fühler und große Mundwerkzeuge. Es gibt sechs verschiedene Milbenarten. Die Roten Vogelmilben halten sich in Verstecken auf und befallen die Tauben während der Nacht, um Blut zu saugen. Federmilben halten sich am ganzen Körper, jedoch mit Vorliebe an der Unterseite der Schwung- und Steuerfedern auf. Starker Befall führt zum Ausfall von Federn an Hals und Rücken. Federspulmilben sitzen vor allem in den Federspulen der Schwung- und Schwanzfedern. Während der Mauser dringen sie rechtzeitig in die neuen Federn ein. Kalkbeinmilben gehören zu den Grabmilben. In früheren Jahren sah man ab und zu die durch sie entstandenen Kalkbeine bei alten Tauben. Kalkbeinmilben haben kurze Beine mit Haftnäpfen. Sie leben in der Haut der Läufe und dringen bis zur Unterhaut vor. Luftsackmilben gehören auch zu den Grabmilben. Sie setzen sich in den Luftsäcken fest und können bis zur Leber und zu den Nieren vordringen. Die dritte Grabmilbenart sind die Räudemil-

ben. Sie leben in der Haut an Schenkeln, Bauch und Rücken.

Zecken. Bei den Tauben gibt es zwei Zeckenarten. Es sind die Vogelzecken und die Taubenzecken. Beide Arten verstecken sich tagsüber und kriechen des Nachts zu den Tauben, um sich mit Blut vollzusaugen. Dank ständiger Bekämpfung sind sie heute selten geworden.

Bekämpfung der Außenparasiten

Die Vernichtung des Ungeziefers ist sehr einfach geworden, wenn man die Tauben jede Woche einmal baden läßt. Man füllt die Taubenbadewanne mit Wasser und gibt einen Eßlöffel Taubenbadesalz hinzu. Es enthält ein natürliches, pflanzliches Insektenmittel, das alle in den Federn und an der Haut sitzenden Federlinge, Zecken und Milben abtötet. Badesalz ist über jeden Tierarzt erhältlich. Sind die Tauben durch diese sich ständig wiederholenden Hygienemaßnahmen von den Quälgeistern befreit, so ist auch eine massive Neuinfektion im eigenen Bestand unwahrscheinlich, da Eier und Larven nicht mehr erzeugt werden können.

Knochenbrüche

Freifliegende Tauben leben in steter Gefahr, mit irgendeinem Gegenstand während des Fluges in Berührung zu kommen. Recht gefährlich sind dünne, gespannte

Krankheitserreger bei Tauben

Krankheit	Erreger	Behandlung
Paramyxovirose	Paramyxoviren im Körper	Impfung aller Tiere alle 6 oder 12 Monate
Kokzidiose	Einzellige, bewegliche Kokzidien (Protozoen) im Darm	Verabreichung von Kokzidiostatika über Futter oder Trinkwasser
Trichomoniasis Gelber Knopf '	Einzellige, bewegliche Flagellaten (Protozoen) in Rachen, Leber und Nabel	Medikamente über das Trinkwasser
Hexamitiasis	Einzellige, bewegliche Flagellaten (Protozoen) im Darm	Medikamente über das Trinkwasser
Salmonellose, Paratyphus	Salmonellen, bewegliche Bakterien in Darm und Körper	Furazolidon, Antibiotika über Futter und Trinkwasser
Taubenpocken	Taubenpockenviren	Einstreichen von Impfstoff in einige Federfollikel am Bein
Mykoplasmose, Schnupfen	unbewegliche Bakterien	Antibiotika über Futter und Trinkwasser, auch Injektionen
Ornithose	Clamydien (große Viren)	Antibiotika über Futter und Trinkwasser, auch Injektionen
Wurmbefall	Spulwürmer im Darm Haarwürmer im Darm Luftröhrenwürmer Bandwürmer im Darm	Wurmmittel über das Trinkwasser oder Wurmkapseln eingeben
Befall mit Federlingen (11 Stämme)	Fraßinsekten im Gefieder	Insektenmittel
Milbenbefall	Spinntiere an Haut und Gefieder Federmilben im Gefieder Federspulmilben in den Federspulen Rote Vogelmilben, blutsaugend Luftsackmilben in Luftsäcken Kalkbeinmilben an den Läufen Räudemilben an und in der Haut	Insektenmittel
Zeckenbefall	Milbenarten (Spinnentiere), blutsaugend Vogelzecken Taubenzecken	Insektenmittel

Drähte, die manchmal zu spät erkannt werden. Verletzungen sind auch möglich, wenn Greifvögel in einen Taubenschwarm hineinstoßen und alle Tiere mehr oder weniger kopflos auseinanderstieben.

Zunächst einmal muß man sich die Verletzungen ansehen. Die Heilung selbst schlimm aussehender Wunden erfolgt meist schneller und besser als erwartet. Deshalb sollte man immer auch bei fast aussichtslos erscheinenden Verwundungen versuchen, das Tier durch Behandlung und sorgfältige Pflege zu retten. Fachliche Hilfe kommt dabei am besten vom Tierarzt.

Wichtig ist, daß verletzte Tauben in einer Einzelbox ohne Kontakt zu anderen Tauben gehalten werden. Einfache Wunden werden gereinigt und von Federn befreit.

Beinbrüche kann man so schienen, daß beide Knochenteile wieder in ihrer ursprünglichen Lage zusammenwachsen können. Kann man exakt schienen, so sollte man den Lauf entlasten. Ein Aufhängen der Taube mit freihängenden Läufen in einem Strumpf, führt nach Ausrichtung und Schienung der Bruchstelle zu einem guten, schnellen Heilungserfolg. Schon nach 12 bis 14 Tagen können die Tauben ihren Lauf wieder vorsichtig aufsetzen.

Flügelbrüche sind nicht so einfach zu behandeln. Hier sollte ein Tierarzt die Behandlung vornehmen, zumal das Richten der Bruchstelle, eine eventuelle Schienung und die Pflege danach, nicht so ganz einfach sind.

Kropfbeschädigung

Einen großen Schreck bekommt man, wenn eine Taube abends auf ihrem Platz sitzt und man feststellt, daß ihr ein erheblicher Teil des Kropfes fehlt. Ist noch eine gewisse Substanz an Kropfhaut und Oberhaut vorhanden, so sollte man diese beim Tierarzt zusammennähen lassen. Das Regenerationsvermögen ist sehr groß, so daß die Wunde nach wenigen Tagen vernarbt und sich im Inneren ein neuer Kropf bildet. Wie die Kropfhaut nachwächst, weiß man nicht genau. Aber die Wunde verheilt so, daß äußerlich nach einer gewissen Zeit nichts mehr zu erkennen ist.

Vergiftungen

Vergiftungen sind schwierig zu behandeln. Sehr oft haben vergiftete Tauben bei Freiflug stickstoffhaltige Düngemittel gefressen, die im Verdauungstrakt zu Verätzungen führen. Spülen des Kropfes mit Milch kann helfen. Auch sollte man solche Tiere 2 bis 3 Tage nur flüssig mit Milch, angereichert mit etwas Traubenzucker, ernähren. Entweder wird die Erkrankung in dieser Zeit besser oder aber das Tier ist nicht mehr zu retten. Die Sucht, Düngemittel aufzunehmen wird erheblich verringert, wenn man die Tauben im Schlag vollwertig ernährt und ihnen Taubenkuchen, bzw. kalkhaltige Beifutter anbietet. Außerdem kann man eine Spur (5 g auf 5 Liter Wasser) Kochsalz ins Trinkwasser geben. Eine weitere Lösung ist eine Fütterung mit vollwertigem Preßfutter, in dem alle Mineralstoffe ausreichend enthalten sind. Die Gefahr der Aufnahme von schädlichen Düngemitteln wird dadurch erheblich verringert. Erkrankungen durch vergifteten Weizen, der zur Mäusebekämpfung im Schlag ausgelegt wurde, kommen auch hin und wieder vor. Sorgfältiges Fernhalten von den Tauben ist die beste Verhinderungsmaßnahme. Bei bestimmten Giften kann die Verabfolgung von Blutgerinnungsmitteln noch helfen.

Alles in allem sind die Taubenkrankheiten nicht derart gefährlich, daß sie zu Massenverlusten führen würden. Vorbeugend wirken gute, vollwertige Ernährung, Schlaghygiene, Einhaltung der vorbeugenden Impfprogramme, gute, frische Schlagluft und ständige Kontrolle und Beobachtung der Tauben, insbesondere der abgesetzten Jungtauben. Gute Medikamente gegen fast alle Krankheiten sind vorhanden. Je früher sie bei einer sich anbahnenden Krankheit eingesetzt werden, desto besser wirken sie. Oft genügt nur ein bis drei Tage lang die Verabfolgung einer Kapsel mit einem Antibiotikum, um ein anfällig aussehendes Tier wieder ganz mobil zu machen. Auf Darmkrankheiten bei abgesetzten Jungtieren muß ganz besonders aufmerksam geachtet werden.

Fortpflanzung und Vererbung

Hormonale Steuerung

Der Bruttrieb aller Vögel wird durch die in die Augen einfallende Tageslichtdauer gesteuert. Nervenreize gelangen von den Augen zu der im Kopf liegenden Hypophyse, einer innersekretorischen Drüse. Steigt nach der Wintersonnenwende die Tageslichtdauer an, so beginnt die Hypophyse vermehrt Hormone zu produzieren und in die Blutbahn abzugeben. Nimmt die Tageslichtmenge nach der Sommersonnenwende ab, so nimmt auch die Hormonproduktion langsam ab und der Bruttrieb geht zurück. Bei den Tauben hat die Hypophyse die Größe eines Stecknadelkopfes und wiegt etwa 5 mg. In ihr werden mehrere Hormone in einem Hypophysenvorderlappen und in einem Hinterlappen produziert. Das ist beispielsweise das follikelstimulierende Hormon (FSH), unter dessen Einfluß das Follikelwachstum am Ovar stimuliert wird. Beim Männchen bewirkt es eine Vergrößerung der Hoden und die Produktion der Spermien. Ein anderes Hormon ist das luteinisierende Hormon (LH), durch das die Reifung des Follikels und der Follikelsprung bewirkt werden; weiter das Prolaktin, das den Bruttrieb und die Kropfmilchbildung auslöst, das Oxitocin und das Vasotocin, die die Eiablage bewirken. Die Hoden selbst produzieren das männliche Geschlechtshormon Testosteron, welches das Geschlechtsleben des Täubers steuert. Durch seine Ausschüttung werden die Samenleiter funktionsfähig und der Paarungstrieb wird ausgelöst.

Hormone anderer Drüsen beeinflussen ebenfalls das Geschlechtsleben, wie zum Beispiel die Schilddrüsenhormone. Läßt die Geschlechtätigkeit im Herbst nach, vergrößert sich die Schilddrüse. Ihr Hormon steuert die gesamte Mauser.

Bei den Weibchen wird der Eierstock ebenfalls durch das FSH angeregt. Er selbst bildet das Eierstockshormon Follikulin und gibt es in den Körper ab, wodurch der Paarungstrieb ausgelöst wird; es kommt dann zur Begattung und zur Eiablage. Verbunden mit der Eiablage ist eine Erhöhung des Kalzium-, Phosphor-, Eiweiß-, Fett und Traubenzuckergehaltes im Blut. Auch die Leber vergrößert sich um etwa 60 % (von 7 g auf 11 g Lebermasse). Durch den Einfluß der Hormone sind beide Partner bereit, die Eier 18, längstens 20 Tage lang zu bebrüten.

Ab dem 10. Bruttag beginnt die Heranbildung der Kropfmilch, die den Jungen in den ersten Tagen nach dem Schlupf als alleinige Nahrung dient. Während der Kropfmilchfütterung besteht bei beiden Partnern keinerlei Drang, ein neues Liebesspiel zu beginnen.

In der zweiten Woche nach dem Schlupf läßt die Kropfmilchbildung nach, und die Jungen erhalten mehr und mehr feste Nahrung. Gleichzeitig ändert sich in den Tauben der Hormonspiegel derart, daß sie geneigt sind, durch ihr Liebesspiel das nächste Gelege vorzubereiten, so daß es schnell zur nächsten Eiablage kommt.

Diese erfolgt etwa 14 bis 20 Tage nach dem Schlupf der Jungen. Neben allen diesen Veränderungen erfolgt ebenfalls eine stärkere Durchblutung der Brustmuskulatur an der federfreien Brustmitte, die in erster Linie die Eier während der Brut wärmen soll. In dieser Zeit ist der Brustmuskel auffallend rosarot gefärbt. Außerdem bilden die Tauben in dieser Situation viel Federstaub und haben rotleuchtende, warme Läufe.

Körpertemperatur

Die Körpertemperatur der Tauben liegt deutlich höher als bei den Säugetieren. Die normale Temperatur schwankt zwischen 40,5 und 42,6 °C. Die normale Temperatur liegt bei 41,9 °C. Das bedingt natürlich auch den Verbrauch eines höheren Futteranteiles zur Deckung des Erhaltungsbedarfes. Durch die direkte Berührung mit dem Brustmuskel werden die Eier ständig mit einer Temperatur von etwa 41,5 °C bebrütet.

Paarungsverhalten

Am Tag der Paarung ist es gut, wenn man sich etwas Zeit nimmt, um die Tauben zu beobachten. Ist bei beiden Geschlechtern der Paarungswille vorhanden, so beginnen die Täuber beim Zusammensetzen sofort mit einem intensiven Gegurre. Sie laufen um das Weibchen herum. Ist das Weibchen paarig, so antwortet es mit Kopfnicken, hat es keine Neigung, so weicht es aus und versucht, möglichst großen Abstand zu gewinnen. Der Täuber reagiert ebenfalls mit ständigem Kopfnicken und mit leicht gesträubtem Halsgefieder. Zeigt die Täubin weiterhin ihre Bereitschaft, so richtet sie nickend ihren Kopf auf und sträubt ebenfalls ihr Halsgefieder. Ihre Flügel werden leicht vom Körper abgestellt, so daß ihre Brustfläche breiter erscheint. Sie macht schreitende Bewegungen neben dem Täuber oder auf ihn zu. Der Täuber gurrt aufgeplustert und fegt mit dem Schwanz über den Fußboden. Schließlich laufen beide eng umeinander herum. Der Täuber nähert sich dem Kopf der Täubin mit geöffnetem Schnabel, und es kommt zum gegenseitigen Schnäbeln. Immer wieder führen beide Tiere ihren Kopf an den Flügel, was man auch als Flügeltippen bezeichnet. Die Täubin steckt ihren Schnabel wiederholt in den geöffneten Schnabel des Täubers. Beide Tiere machen schüttelnde Bewegungen, wie sie auch bei der Fütterung der Jungen zu beobachten sind. Die ineinander steckenden Köpfe werden dabei auf- und abbewegt. Ist die Erregung noch nicht groß genug, fordert das Weibchen den Täuber, der um sie herumläuft und ständig das Putzen andeutet, nochmals zum Schnäbeln auf. Ist der Täuber nicht sofort bereit, bepickt sie zärtlich seinen Schnabel- und Augenbereich, bis der Täuber erneut den Schnabel öffnet. Dies ist das Vorspiel für die Kopulation und wird solange wiederholt, bis die Täubin sich auf den Boden hockt. Ihre Oberarme sind leicht abgestellt, sie sitzt regungslos, ihr Schwanz ist etwas hochgestellt, und die Federn um die Kloake sind gesträubt. Der Täuber steigt mit leicht schlagenden Flügeln zum Balancehalten auf das Weibchen auf, und die Kopulation wird vollzogen. Geschieht dies im Freien, so fliegt der Täuber mit Flügelklatschen auf, die Täubin folgt ihm, und sie umkreisen den Schlag einige Male. Erfolgt die Kopulation in der Nistzelle, so fliegt der Täuber auf den Schlagboden, um sogleich wieder seine Zelle anzufliegen. Der Täuber legt sich anschließend in die Nistschale, duckt seinen Kopf und lockt das Weibchen mit langen Rufen. In den nächsten Tagen beginnen sie mit dem Nestbau. Am zehnten und zwölften Tage nach der Paarung legt das Weibchen die beiden Eier und die Brut beginnt. Bei noch jungen Weibchen kann sich das Legen der Eier um ein paar Tage hinausschieben.

Körperzellen und Geschlechtszellen

Die gesamte Körpersubstanz aller Tiere besteht aus Körperzellen und aus Zwischensubstanz. Die einzelnen Zellen sind von einer Zellmembran umgeben. In den Zellen befindet sich das Protoplasma, es besteht aus dem Zytoplasma und aus dem Zellkern. Im Zellkern befinden sich der Kernkörper und zahlreiche Chromoso-

men. Ihre Form und ihre Größe sind unterschiedlich. In den Chromosomen liegen die aneinandergereihten Gene. In den Genen sind die einzelnen Erbanlagen festgelegt. Es sind die Desoxyribonukleinsäure-Moleküle, die aus Nucleotidpaaren gebildet werden. Sie bewirken die Ausbildung der einzelnen Körpermerkmale.

Folgende Aufstellung soll dies verdeutlichen:

– Anzahl der Körperzellen einer Taube: etwa 10 Milliarden
– Anzahl der Chromosomen pro Körperzelle 80 (40 Chromosomenpaare)
– Anzahl der Gene pro Chromosom etwa 100 000
– Anzahl der Desoxyribonuklein-Säure-Moleküle (DNS-Moleküle) pro Gen: etwa 10–20 Millionen
– Anzahl der Nucleotidpaare (auch Basenpaare genannt) pro DNS-Molekül: etwa 300 000

Die Aufstellung zeigt, daß die Anzahl der für die Vererbung und Ausbildung der Körpermerkmale verantwortlichen Substanzen ungeheuer groß ist. Jegliches Züchten ist daher immer von vielen Unwägbarkeiten begleitet. Viele Gesetzmäßigkeiten wurden in der Vererbungsforschung herausgefunden. Ihre Anwendung und die Beachtung bekannter Regeln werden von vielen Züchtern praktiziert. Aber das Ergebnis einer Paarung, gemessen an der Qualität der Nachkommen, ist niemals voraussagbar, mit Ausnahme einzelner Faktoren, die nach den Mendelschen Regeln vorhergesagt werden können. Dies macht das Züchten mit Tauben so reizvoll und interessant.

Spermien und Eizellen sind die Geschlechtszellen. Sie enthalten je einen halben Chromosomensatz. Bei der Paarung vereinigen sich ein Spermium und die Eizelle und es entsteht ein neues Lebewesen. Bei der Entstehung der Geschlechtszellen, bei der die Chromosomen sich in einer Reduktionsteilung in zwei halbe Sätze teilen, ist aber die Aufteilung der dem Elterntier von seinen Eltern mitgegebenen Chromosomen nicht halb vom Vater und halb von der Mutter. Vielmehr ist diese Aufteilung willkürlich und kann zwischen 0 % und 100 % alle Zwischenstufen aufweisen. Kommt es zu einer Befruchtung, so bestimmen viele Milliarden Nucleotidpaare über sämtliche äußeren und inneren Eigenschaften des aus ihnen entstehenden neuen Lebewesens. Die Menge der genetisch aktiven Substanzen übersteigt unser Vorstellungsvermögen. Zwar stammen 50 % der Erbanlagen vom Vater und 50 % von der Mutter, aber es stammen nicht vier mal 25 % von den Großeltern. Die Erbanlagen der vier Großeltern können im Extremfall jeweils zwischen 0 und 50 % einem Enkel mitgegeben werden. Natürlich wird nach den Wahrscheinlichkeitsregeln bei der großen Masse der Geschlechtszellen der Anteil der Erbmasse von jedem Großelternteil nahe bei 25 % liegen; jedoch sind größere Abweichungen jederzeit möglich. So kann man immer nur auf die erwünschten Zuchterfolge hoffen, und man kann nur einige wenige Eigenschaften nach den Mendelschen Regeln vorhersagen.

Dieses Mischen der Erbanlagen bei der Bildung der Geschlechtszellen ist der Grund dafür, daß viele Geschwistertiere im Aussehen und in ihren Eigenschaften ganz erheblich voneinander abweichen. Deshalb versucht man in der Linienzucht, die negativen Abweichungen eines Stammes durch Auslese zu vermindern und die positiven Eigenschaften zu festigen.

Ist eine Rasse durchgezüchtet, so sind in vielen Generationen Tauben mit gleichen oder ähnlichen Erscheinungsbildern und Eigenschaften immer wieder in gleich guter oder ähnlicher Qualität zur Ausbildung gekommen. Dann ist auch die Wahrscheinlichkeit sehr groß, daß die Nachkommen die gleichen Eigenschaften mit auf den Weg bekommen.

Trotzdem können zu jeder Zeit erhebliche Abweichungen von der erwünschten Norm auftreten. Einige solcher Abweichungen sind unter anderem Fehlfarben bei Gefieder, Augen und Zehen, zu geringe Körpergröße, unerwünschte Formen und falscher Stand. Der Anteil erwünschter Nachkommen in einem Bestand kann sehr unterschiedlich sein. Oft entsprechen nur wenige Exemplare dem gewünschten Zuchtziel. Eine strenge Auslese ist für einen Fortschritt in der Zucht daher unerläßlich.

Reinerbig und mischerbig

Diese Begriffe beziehen sich immer nur auf eine bestimmte Eigenschaft eines Tieres, die sich auf äußere Merkmale, unter anderem auf Gefiederfarbe, Farbverteilung, Haube oder Zehenfarbe bezieht.

Ein Beispiel möge dies erläutern. Erhält eine Taube die Veranlagung für die blaugehämmerte Gefiederfarbe sowohl vom Vater wie von der Mutter, dann ist das Tier reinerbig blaugehämmert gefärbt. Erhält eine Taube die Veranlagung für die blaugehämmerte Gefiederfarbe von dem einen Elternteil und die Veranlagung für blaue Gefiederfarbe vom anderen Elternteil, dann ist sie mischerbig blaugehämmert gefärbt, da die Hämmerung über Blau im Erscheinungsbild dominiert. Treffen bei einem mischerbig blaugehämmerten Zuchtpaar von jedem Elternteil nun die Veranlagungen für Blau bei der Befruchtung zusammen, so hat dieses Jungtier die reinerbige Gefiederfarbe Blau.

Dominant, rezessiv, intermediär

Diese Begriffe spielen in der Tierzucht eine große Rolle. Dominant sind alle Eigenschaften, die bei Mischerbigkeit das äußere Erscheinungsbild bestimmen. Paart man zum Beispiel ein reinerbig schwarzes Tier mit einem reinerbig blauen Tier, dann sind alle Nachkommen schwarz, weil die schwarze Farbe über die blaue Farbe dominiert. (1. Mendelsche Regel: Paart man Eltern mit reinerbigen Eigenschaften miteinander, so sind alle Nachkommen in diesen Eigenschaften gleich.)

Erst in der nächsten Generation kann das mischerbig schwarze Zuchtpaar blaue Nachkommen züchten, wenn die beiden Veranlagungen für Blau bei der Befruchtung zusammentreffen. Die Farbe Blau ist damit gegenüber der Farbe Schwarz rezessiv.

Verpaart man blaugehämmerte Nachkommen aus Eltern, die blaugehämmert und blau gefärbt waren, so gehen aus diesen Paarungen gehämmerte und blaue Tiere im Verhältnis 3 : 1 hervor. Genetisch gesehen, ist von den Nachkommen ein Tier reinerbig gehämmert, zwei Tiere sind mischerbig gehämmert und ein Tier ist reinerbig blau. Das Verhältnis 3 : 1 ist natürlich von einer genügend großen Zahl von Paarungen abhängig und um so zufälliger, je geringer die Anzahl der Paarungen tatsächlich ist. (2. Mendelsche Regel: Verpaart man mischerbige F_1-Nachkommen untereinander, so spalten deren Nachkommen im Verhältnis 3 : 1 auf, wenn das eine betrachtete Merkmal dominant über das andere ist.)

In diesem Zusammenhang sollte man wissen, daß es sowohl ein dominantes Rot, wie ein rezessives Rot gibt. Jahrzehntelang hieß es, das Tümmlerrot sei rezessiv und das Brieftaubenrot sei dominant. Das ist nicht richtig, denn bei den Brieftauben gibt es sowohl ein dominantes, wie ein rezessives Rot. Die rezessiv Roten sind vom Schnabel bis zur Schwanzspitze einfarbig durchgefärbt, während die dominant Roten aschgraue Flügelspitzen und Schwänze haben. Bei den Rassetauben sind die brieftaubenähnlichen Tauben dominant rot, während bei allen anderen Rassen wahrscheinlich nur das rezessive Rot vorkommt.

Intermediäre Vererbung tritt ein, wenn zwei Eigenschaften sich gleich stark auswirken. So mischen sich die Farben bei der Schimmelfärbung. Auch die Körpergröße wird intermediär vererbt. Häufig fallen aus einem Zuchtpaar mit unterschiedlicher Körpergröße Jungtiere mit mittlerer Körpergröße. Das muß aber nicht sein, da viele Gene an der Ausbildung der Körpergröße beteiligt sind.

Unabhängige Vererbung von Eigenschaften

Die dritte Mendelsche Regel besagt, daß alle Erbanlagen unabhängig voneinander vererbt werden. Für die praktische Zucht heißt dies, daß Eigenschaften, die in einer Rasse vorhanden sind, auf eine andere Rasse übertragen werden können. Dies bereitet der Züchtung von Tauben für die Zukunft noch unendlich viele Möglichkeiten. So gibt es immer wieder Taubenzüchter, die sich vornehmen, in eine vorhandene Rasse einen noch nicht vorhandenen Farbenschlag durch Einkreuzung und anschließende Auslese hineinzuzüchten. Auch sind aus Kreuzungen neue Rassen entstanden, wenn es durch Auslese gelang, die neuen Merkmalskombinationen züchterisch zu stabilisieren. Die Echterdinger Farbentauben sind hierfür ein gutes Beispiel. Das züchterische Hineinbringen neuer qualitativer Eigenschaften gelingt im allgemeinen in wenigen Generationen recht gut, da diese nur durch ein oder wenige Chromosomen vererbt werden.

Qualitative und quantitative Eigenschaften

Eigenschaften, deren Vorhandensein man mit Ja und Nein beantworten kann, werden als qualitative Eigenschaften bezeichnet. Dies sind unter anderem Gefiederfarbe, Farbflecke, Zehenfarbe, Haube, Halskrause, Latschen, Hämmerung, Augenfarbe, Augenringfarbe und Zehenfarbe. Ihre Erbanlagen liegen meistens nur in einem oder in wenigen Chromosomen. Sie geben uns die Möglichkeit, wenn wir diese genetischen Eigenschaften eines Zuchttieres kennen, gewisse Voraussagen über das Aussehen der Nachkommen zu machen.

Quantitative Eigenschaften sind nur durch Messungen genauer erfaßbar. Dies sind unter anderem Lebendmasse, Länge von Schnabel, Flügel oder Läufen und die Stellung der Körperteile (zum Beispiel auch der Anstellwinkel) zueinander. Die quantitativen Eigenschaften werden durch das Zusammenwirken vieler Gene ausgebildet. Ihre Vererbung läßt sich nicht exakt planen. Man kann bei der Zusammenstellung von Zuchtpaaren nur die Wahrscheinlichkeit mit einbeziehen und hoffen, daß die Nachzucht erwünschte Eigenschaften besitzen wird.

Geschlechtsgebundene Vererbung

Paart man reinerbig dominant-rote Tauben mit reinerbig blauen Tauben, dann sind nach der ersten Mendelschen Regel alle Nachkommen dieser Paarung einheitlich rot. Züchtet man mit den Nachkommen untereinander weiter, so erfolgt eine Aufspaltung im Verhältnis drei rot und eines blau. Dieses Verhältnis wird natürlich nur erkennbar, wenn eine genügend große Anzahl an solchen Jungtieren aufgezogen wird. Die dominant-rote Farbe wird geschlechtsgebunden vererbt. Das heißt, in der F_2-Generation erhält man 50 % rote Täuber, 25 % rote Weibchen und 25 % reinerbig blaue Weibchen. Züchtet man mit den roten Weibchen weiter, so sind alle ihre direkten roten Nachkommen männlichen Geschlechts.

Konstitution und Kondition

Die Konstitution einer Taube ist die erblich bedingte körperliche und ihre Wesensart bestimmende Struktur. Sie kommt in körperlichen Merkmalen, wie dem Aussehen des Körpers, dem Typ, der Farbe und der Farbverteilung zum Ausdruck. Außerdem ist die Konstitution erblich festgelegt in Bezug auf die Funktionsfähigkeit der Organe, das Leistungsvermögen, die Reaktionsfähigkeit, das Temperament und das Verhalten gegenüber der Umwelt. Die Konstitution läßt sich nur durch eine genetische Weiterentwicklung auf dem Wege der Züchtung verändern.

Die Kondition einer Taube ist die augenblickliche körperliche Verfassung. Sie wird beispielsweise durch die Ernährung, die jahreszeitliche Lichtbeeinflussung, den Geschlechtstrieb, Krankheiten, körperliche Beanspruchung und mentale Erlebnisse beeinflußt. Ist ein Tier zu mager, stumpf im Gefieder oder schmutzig, so ist es in einer schlechten Kondition. Die Ursachen können vielfältig sein. Vielleicht hat dieses Tier zu wenig Futter zur Verfügung gehabt, vielleicht war es durch Befall mit inneren Parasiten, wie mit Trichomonaden, Würmern, Kokzidien, Salmonellen oder Hexamiten oder mit äußeren Parasiten, wie Zecken, Federlingen und Milben geschwächt. Alle Tauben verlieren auch durch die Fütterung der eigenen Jungtiere etwas an Körpermasse, was als Tatsache ganz normal, in den Auswirkungen aber unterschiedlich ist. Beeinflussungen durch sinnliche Veränderungen, wie durch Verbringen in einen neuen Schlag, Hinzusetzen zu einem fremden Bestand, andauerndes Getriebenwerden eines Weibchens durch mehrere Täuber und Unruhe während einer Ausstellung können die Kondition, wenn auch nur gering, beeinflussen.

Zuchtpraxis

Zuchtziele

Wer mit seinen Tauben züchten möchte, muß bestimmte Erwartungen oder Zuchtziele haben. Sicherlich ist mancher Taubenhalter schon mit dem zufrieden, was die Natur ihm als Nachzucht seiner Zuchtpaare bietet. Die Vererbungslehre gibt uns aber auch die Möglichkeit, gewisse Vererbungsgesetze und -regeln anzuwenden oder aufgrund dieser Gesetze gewisse Voraussagen über einzelne Eigenschaften zu machen. Außerdem gibt die Vererbungslehre uns die Möglichkeit mit Wahrscheinlichkeiten zu arbeiten. Über Reinzucht, Inzucht und Linienzucht lassen sich viele Eigenschaften genetisch festigen. In durchgezüchteten Rassen kommt ein erheblicher Teil der vorhandenen Tiere dem im Standard festgelegten Zuchtziel sehr nahe. Die Preisrichter haben es dann schwer, schon kleine Unterschiede in der Qualität der einzelnen Eigenschaften unterschiedlich zu bewerten.

In der Praxis wird häufig das beste Männchen an das beste zur Verfügung stehende Weibchen gepaart, weil die Wahrscheinlichkeit groß erscheint, daß wiederum hervorragende Jungtiere aus dieser Paarung hervorgehen werden. Das muß aber nicht immer so sein. Schon immer gab es allerbeste Elterntiere, die auch mit verschiedenen Partnern niemals gute Nachzucht brachten. Andererseits gibt es Elterntiere geringerer Qualität, die hervorragende Nachzucht liefern. All diese Unwägbarkeiten machen das Züchten schwierig, aber auch besonders interessant.

Inzucht in Grenzen halten

Besitzt man Tauben, die man züchterisch als „Glückstreffer" bezeichnen kann und die die Zucht einer bestimmten Rasse durch erwünschte Eigenschaften vorangebracht haben, dann werden sie oft zu stark in der Zucht eingesetzt. Es kommt dann in wenigen Jahren zu einer ausgeprägten Inzucht mit häufiger Paarung enger Verwandter. Die Folgen sind Verlust an Körpermasse, Brutunlust, Unfruchtbarkeit und Schwierigkeiten bei der Aufzucht. Nur die Erhaltung verschiedener Blutlinien kann davor bewahren. Als letztes Mittel bleibt die Einkreuzung eines geeigneten Tieres einer ähnlichen Rasse. Durch die Einkreuzung fremden Blutes sind meistens alle genannten negativen Erscheinungen wie weggefegt. Die nächste Aufgabe besteht dann aber darin, die alten Rassemerkmale in gewohnter guter Qualität wieder herauszuzüchten. Dies kann nur durch gezielte Anpaarung und strenge Auslese geschehen, wobei die Beschaffung qualitativ besserer Zuchttiere diesen Weg erheblich beschleunigen kann.

122

Züchten mit rezessiven Eigenschaften

Rezessive Erscheinungsformen sind immer reinerbig, denn wäre eine rezessive Eigenschaft in einem Tier nicht reinerbig vorhanden, so würde sie ja nicht in Erscheinung treten, da sie von einem dominanten Erscheinungsmerkmal überdeckt würde. Züchtet man im gesamten Bestand mit einem rezessiven Merkmal, zum Beispiel nur mit rezessiv-roten Tauben, dann kann es hinsichtlich der Färbung niemals Überraschungen geben, jedenfalls nicht dergestalt, daß zum Beispiel plötzlich eine unvorhergesehene andere Färbung bei einem Jungtier auftaucht. Unterschiede tauchen vielmehr hinsichtlich der Farbintensität auf. Bei rezessiv-roten Tauben kann es zu so starken Aufhellungen kommen, daß diese Nachkommen als gelbfarbig bezeichnet werden müssen. Das in vielen Rassen vorhandene Braun ist nichts anderes als die Aufhellung von Schwarz. Oft sieht man auch starke Aufhellungen bei der Farbe Rotgehämmert. Man könnte weitere Beispiele anführen. Einer zu starken Aufhellung beugt man durch die Paarung mit farbintensiven Tieren vor.

Züchten mit dominanten Eigenschaften

Farbliche Überraschungen kann es in Beständen mit dominanten Farbmerkmalen geben. Angenommen, ein Bestand von blaubindigen Tauben wird nur unter sich weitervermehrt, so sollte man annehmen, daß alle Jungtiere stets auch blaubindig werden. Das muß nicht unbedingt so sein. Es gibt zwar niemals gehämmerte Jungtiere, weil diese Eigenschaft dominant über blaubindig ist. Folglich kann die Veranlagung Gehämmert im Bestand nicht vorhanden sein. Aber es kann zum Beispiel rezessivrote Jungtiere geben. Dieser Fall kann eintreten, wenn nur ein blaubindiges Tier des Ausgangsbestandes ein blaues und ein rezessiv-rotes Elterntier hatte. Es selbst ist blaubindig gefärbt. Aber die Farbe Blau ist dominant über die Farbe rezessiv Rot.

Wird dieses Tier mit einem reinerbig blaubindigen Tier gepaart, so können die Nachkommen reinerbig blaubindig, aber zu einem Viertel auch mischerbig blaubindig mit der verdeckten Anlage für rezessiv Rot sein.

Paaren sich nun in diesem Bestand zwei mischerbige blaubindige Tiere mit der verdeckten Anlage für rezessiv Rot miteinander, so kann nach der Spaltungsregel die Veranlagung für rezessiv Rot vom Vater und für rezessiv Rot von der Mutter zusammentreffen, so daß aus dieser Paarung von zwei blaubindigen Zuchttieren ein rezessiv rotes Jungtier hervorgeht.

Das gleiche kann passieren, wenn eines der Ausgangstiere eine andere rezessive Veranlagung von einem Elterntier mitbringt. Dies kann zum Beispiel auch die Augenfarbe sein. Die Anlage für ein helles Perlauge ist rezessiv. Bringt ein Ausgangstier diese Veranlagung in den Bestand ein, so kann urplötzlich noch nach Generationen ein Jungtier mit Perlauge auftreten.

Ebenso werden Hauben und Kappen rezessiv vererbt. So kann also in einem glattköpfigen Bestand plötzlich ein kappiges Tier zur Welt kommen, wenn ein Ausgangstier mit der rezessiven, kappigen Veranlagung diese an zwei verschiedengeschlechtliche Nachkommen weitergibt. Wenn diese sich untereinander paaren, kann die Kappe zum Vorschein kommen. Das gleiche gilt natürlich auch, wenn eines der genannten Nachkommen an das Ausgangstier zurückgepaart wird.

Weitere rezessive Merkmale sind weiße Binden, Glattfüßigkeit, hohlige Flügeldecken (ohne Binden) und die Halskrause. Diese Merkmale verstecken sich hinter den dominanten Eigenschaften. Oft weiß man nicht einmal, daß sie vorhanden sind, aber plötzlich tauchen sie im eigenen Bestand auf. Viele Züchter glauben dann, ihre Täubin sei beim Freiflug von einem fremden Täuber befruchtet worden. In Wirklichkeit war es aber nur ein ganz natürlicher Vorgang innerhalb der allgemeingültigen Vererbungsgesetze.

Viele quantitative Merkmale sind nicht eindeutig zu definieren, zum Beispiel Körpermasse, Höhe, Länge, Breite und die Winkelmaße, wie Schnabelhaltung, Beinstellung, sowie die Flügel-, Schwanz- und Halshaltung. Die Variationen erfolgen stufenlos, wobei Harmonien mit anderen Eigenschaften sich positiv, Disharmonien aber negativ auf die Beurteilung auswirken können. Viele dieser Merkmale muß man in der Ausdehnung messen oder man

muß sie an der gewünschten Abgrenzung an bestimmten Körperstellen beurteilen. Dies macht das Züchten vielfältig.

Züchten auf Körpermasse

Zuchtziele können vielfältig sein. Will man zum Beispiel ein Tier einer großen Rasse mit einem Tier einer kleinen Rasse verpaaren, um zu sehen, in welcher Weise die Körpermasse vererbt wird, so wird man feststellen, daß es einmal größere und einmal kleinere Nachkommen gibt, denn die Körpermasse wird von vielen Genen bestimmt. Man sagt, die Körpermasse wird multigen vererbt. Aus solchen Paarungen können große, kleine oder mittelgroße Jungtiere fallen.

Die Variation ist aber umso geringer, je enger die Körpermassen der beiden Ausgangstiere beieinanderliegen und je geringer eine genetische Variation der Körpergröße in den Vorfahren vorhanden ist. Hatten die Ausgangstiere unterschiedlich große Vorfahren, so wird auch die Größe der Nachkommen umso mehr streuen. Zwei sehr große Tiere können durchaus nur mittelgroße Nachkommen haben, wobei die Körpermasse von Tier zu Tier sehr unterschiedlich sein kann, da die quantitative Vererbung durch viele Erbfaktoren beeinflußt wird.

Würde zum Beispiel ein quantitatives Merkmal wie die Körpermasse nur von einem einzigen Genort beeinflußt werden (was nicht der Fall ist) und das Gen vom Vater für große Lebendmasse wäre dominant über das rezessive Gen für geringe Körpermasse von der Mutter, dann würden alle F_1-Nachkommen eine große Körpermasse besitzen. Deren Nachkommen würden im Verhältnis 3 : 1 aufspalten. Wären aber zwei Genorte für die Ausbildung der Körpermasse zuständig, so ergäben sich Körpermassen im Verhältnis 9 : 6 : 1. Wären drei Genorte zuständig, so betrüge das Verhältnis von Groß bis Klein schon 27 : 27 : 9 : 1. Da aber die Lebendmasse multigen beeinflußt wird, ergeben sich viel umfangreichere Variationen. Dabei werden die Differenzen zwischen den einzelnen Gruppen geringer, so daß sich in der praktischen Zucht die Körpermasse der Einzeltiere durchweg im mittleren Rahmen bewegt. Jedoch sind jederzeit extreme Varianten möglich.

Sind schwerere Tiere züchterisch erwünscht, wie es in den letzten Jahrzehnten unter anderem bei der Zucht der Strasser, Luchstauben, Kingtauben und vieler anderer Rassen der Fall war, so wird man natürlich die schwereren Tiere vermehrt untereinander verpaaren. Blicken wir die letzten Jahrzehnte zurück, so können wir feststellen, daß in dieser Hinsicht bei vielen Rassen ein deutlicher Zuchtfortschritt erzielt worden ist.

Man sollte sich aber davor hüten, zu sagen: Je größer, desto besser, denn Schnittigkeit, Fluglust, Brutlust und Bruterfolge können durch zuviel Körpermasse negativ beeinflußt werden. Die Tierzuchtwissenschaft mit allen ihren Erkenntnissen über die Genetik und die Möglichkeiten einer Vorhersage mit Hilfe von Wahrscheinlich-

keitsrechnungen ist außerordentlich umfangreich. Für ausführliche Informationen sei daher auf die Spezialliteratur verwiesen.

Züchten mit Ausstellungstauben

Wer als Rassegeflügelzüchter mit seinen Tauben Ausstellungserfolge haben möchte, kann verschiedene Wege gehen. Sie hängen vom Umfang der Schlaganlage, dem Zuchtstand der gehaltenen Rasse, der Qualität der Ausgangstauben, der Bereitschaft zur sofortigen Beschaffung aller nötigen oder zweckmäßigen Futtermittel, Beifuttermittel, Geräte, Medikamente zur Gesundheitsvorsorge und von der für die Haltung und Pflege der Tauben eingeplanten Zeit ab.

Es gibt durchgezüchtete Rassen und solche, die noch intensiver züchterischer Bearbeitung bedürfen. Es ist schwierig, eine Empfehlung für den Anfang zu geben, denn jeder Taubenzüchter sieht die Welt aus seiner Sicht und leitet sein Wollen zumeist aus eigenen Erlebnissen ab. Im Prinzip sind Rassen mit wenigen charakteristischen Merkmalen gut für den Anfang. Oft genügen zwei bis drei Zuchtpaare, um mit den aus ihnen gezogenen Jungtauben zum Ausstellungserfolg zu kommen. Von der Wahrscheinlichkeit her ist es natürlich besser, wenn man die Ausstellungstiere aus einem größeren Bestand auswählen kann.

So gibt es Züchter, die zweihundert bis dreihundert Tauben einer Rasse halten, in der Hoffnung, mit den besten unter ihnen auf jeder großen Schau mit gutem Erfolg gegen jede Konkurrenz antreten zu können.

Züchtet man nur weiße Tauben, so ist die Farbe immer gleich weiß. Bei den farbigen Tauben gibt es aber, wie bereits bei der Vererbung beschrieben, deutliche Unterschiede von Hell bis Dunkel, so daß durch solche Farbnuancierungen weitere Varianten ins Spiel kommen.

Erscheint die Farbe verdünnt, so wird aus einem dunklen Rot ein helles Rot. Fahl, Silber und Dun sind ebenfalls Aufhellungsfarben. Braun ist eine Aufhellung von Schwarz. Jedoch gibt es daneben ein eigenständiges Braun. Diese Nuancen sind schwierig zu unterscheiden. Unterschiede zwischen Braun und Dun sind daher auch in Züchterkreisen nicht ganz klar, zumal genetische Unterschiede nicht offen sichtbar sind. Innerhalb der Farbe Blau gibt es alle möglichen Abstufungen.

Hat man sich erst einmal mit einem Farbenschlag einer Rasse vertraut gemacht, so kann man danach eine weitere Farbvariante, vielleicht sogar eine weitere Rasse hinzunehmen. Entscheidend für den Erfolg ist die Qualität des Ausgangsmaterials, die richtige Anpaarung und während des ganzen Jahres eine gute und richtige Pflege.

Neuzüchtungen

Bei Neuzüchtungen ist zu unterscheiden zwischen der Erweiterung von Merkmalen bei einer vorhandenen Rasse und der Züchtung einer neuen Rasse, mit neuem Namen und mit neuen Eigenschaften. Für beide Formen gibt es aus den letzten Jahrzehnten zahlreiche Beispiele.

Bei etwa 300 bekannten Rassen mit teilweise über 30 Farbenschlägen mit den unterschiedlichsten Formen und Eigenschaften sollte man meinen, daß Neuzüchtungen nicht mehr nötig sind. Sie ergeben sich aber zwangsläufig, teils durch zufällige Paarungen, teils durch ganz gezielte Überlegungen, um ein bestimmtes Merkmal einer Rasse auf eine andere zu übertragen.

So gelang es zum Beispiel Professor Sell, bei den Pommerschen Schaukappen platinfarbige Tiere zu züchten, deren Färbung geschlechtsgebunden, bei Täubern und Täubinnen unterschiedlich, ausgeprägt ist.

Durch vorsichtiges Einkreuzen eines Tieres einer ähnlichen Rasse mit einer Farbe oder einer Farbzeichnung, die es in der eigenen Rasse noch nicht gibt, wird versucht, neue Merkmale auf die vorhandene Rasse züchterisch zu übertragen. So wurde in den letzten Jahrzehnten die Farbenvielfalt bei vielen Rassen vermehrt und Einzelmerkmale, wie Schnabel- und Zehenfarbe, wurden verbessert.

Die Beispiele für die Herauszüchtung einer neuen Rasse sind zahlreich. Einige seien hier angeführt:
– Spaniertauben wurden in Thüringen aus Nürnberger Bagdetten, Brieftauben, „Türkentauben" (was immer das gewesen sein mag) und aus Feldtauben herausgezüchtet.

– Strasser entstanden um das Jahr 1875 aus Kröpfern, die mit Feldtauben und mit Florentinern gekreuzt wurden. In der Nachzucht wurden die charakteristischen Eigenschaften der Strasser züchterisch gefestigt.

– Die kennfarbigen Texaner wurden aus französischen Mondain und kennfarbigen Kingtauben gezüchtet.

– Die geschlechtsgebundene Färbung, bei der der Täuber anders gefärbt ist als die Täubin, stammt ursprünglich von den Thüringer Einfarbigen, bei denen Hellgrundfarbig, Gelbgrundfarbig (Weingelb) und Blaugrundfarbig geschlechtsgebundene Täuberfarben sind. Diese Eigenschaft ist auf andere Rassen übertragen worden.

– Etwa um das Jahr 1890 wurden die Kingtauben aus Maltesern, Römertauben, Brieftauben und englischen Duchess gezüchtet. Durch mehr als 100jährige Züchtung auf Form und Körpermasse in mehreren Farbenschlägen zählen sie heute zu einer der schwersten Rassen überhaupt.

– Bei den Deutschen Schautauben, die aus den Brieftauben hervorgingen, wurden zur Verfeinerung der Kopfpunkte Show Homer mit Erfolg eingekreuzt.

Abschließend seien einige Beispiele aus jüngerer Zeit genannt:

– Die Thüringer Goldkäfertauben entstanden um das Jahr 1930 und verschwanden wieder durch die Kriegsereignisse. Die erneute Anerkennung erfolgte im Jahr 1976. Es sind Tauben mit

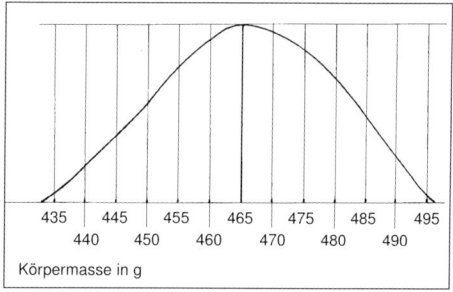

Körpermasse in g

Beispiel für eine mögliche Variation der Körpermassen einer Taubenpopulation. Die Körpermasse wird multigen vererbt. Durch ständige Selektion der schwereren Tiere läßt sich die durchschnittliche Körpermasse erhöhen.

schwarzer Grundfarbe mit viel grünlich schimmerndem Glanz und mit glänzend kastanienbraunen Flügelschildern.

– Um das Jahr 1970 entstanden die Echterdinger Farbentauben mit einer gediegenen Farbkombination. Ihre Grundfarbe ist Weiß, aber Schwarz sind Haube mit Rosetten, Hinterhals, Brust, Schulter und Schwanz mit Decke und Keil.

Verbesserung von Farbe und Körpermasse durch Einkreuzung

Farbe und Zeichnung der Tauben werden nur durch einige wenige Gene vererbt. Es sind qualitative Merkmale. Die Ausprägung der Zeichnung kann dabei unterschiedliche Ausmaße und Formen annehmen. Nur ständige Selektion führt hier zur genetischen Festigung der gewünschten Verteilung. Qualitative und quantitative Merkmale werden nicht gekoppelt mitein-

127

ander vererbt. Ein qualitatives Gen kann zwar mit einem anderen Gen gekoppelt sein, wie es die geschlechtsgebundene Farbvererbung zeigt. Es gibt jedoch keine Koppelung mit der Vielzahl der Gene, die ein quantitatives Merkmal zur Ausbildung bringen. Praktisch heißt dies, daß Körperform und Farbe unabhängig voneinander vererbt werden. Diese Aussage ist züchterisch von großer Bedeutung für die Frage, ob man bei Tauben eines Farbenschlages mit nicht befriedigenden Körperformen (zum Beispiel zu schlechter Stand, zu geringe Körpermasse), ein Tier eines anderen Farbenschlages oder sogar einer anderen Rasse, das die gewünschten Eigenschaften in besserer Qualität besitzt, einkreuzen sollte, um die quantitativen Eigenschaften Körperform und Körpermasse zu verbessern. Diese Frage muß eindeutig mit Ja beantwortet werden. Ein Erfolg kann natürlich nicht garantiert werden. Er hängt eindeutig von der Qualität der zur Kreuzung verwendeten Tiere beider Seiten und von einer scharfen Selektion der Kreuzungstiere der nachfolgenden Generationen ab. Aber immer fördert die Einkreuzung frischen Blutes alle konstitutionell bedingten Eigenschaften, wie Brutlust, Temperament und Widerstandskraft, was ein weiterer Vorteil dieser züchterischen Maßnahme ist.

Da die Körpermasse durch eine Vielzahl von Genen beeinflußt wird, führt man durch die gezielte Einkreuzung dem eigenen Bestand eine Vielzahl von Genen mit gewünschten positiven Wirkungen zu. Da man bei der Auswahl des zur Einkreuzung verwendeten Tieres besonders sorgfältig vorgehen muß, kann man davon ausgehen, daß die Farbverteilung bei den Kreuzungsnachkommen nicht verschlechtert, sondern eher verbessert wird. Im ungünstigen Fall werden nur wenige Gene mitgebracht, die die Farbe des eigenen Farbenschlages ungünstig beeinflussen. Im günstigen Fall können sie eine positive Wirkung hinsichtlich der Sicherheit der Farbverteilung und der Farbintensität mitbringen.

Sind aber doch ungünstige Faktoren mitgebracht worden, so lassen sie sich in wenigen Jahren wieder herauszüchten, jedoch nicht nach dem Schema, daß mit jeder Generation einer Rückkreuzung die Hälfte der durch die Einkreuzung eingebrachten Chromosomenmenge ausscheidet. Das ist zwar bei einer genügend großen Zahl von Paarungen (ein paar tausend) statistisch gesehen sicherlich der Fall, nicht aber in einem kleinen Bestand, denn der doppelte Chromosomensatz eines Tieres wird bei der Bildung von Geschlechtszellen nicht fein säuberlich wieder in die Chromosomen, die von seinem Vater und diejenigen, die von seiner Mutter stammen, getrennt.

Vielmehr wird der doppelte Chromosomensatz willkürlich gemischt, so daß niemals damit gerechnet werden kann, daß von den 50 % der Erbanlagen, die von dem einen Elterntier stammen, genau je 25 % von den Großeltern herrühren. Vielleicht liegt das Verhältnis im Einzelfall bei 24 : 26 oder bei 21 : 29 oder umgekehrt. Hierauf wurde im Kapitel Vererbung hingewiesen.

Deshalb wissen wir nie, wie das Ergebnis unserer Zuchtbemühungen aussehen wird. Aber wir haben stets die Möglichkeit, aus den vorhandenen Tieren die nach unserer Meinung für die Weiterzucht geeignetsten Tiere auszulesen. Immer neue genetische Kombinationen können in Verbindung mit der Auslese zu echtem Zuchtfortschritt führen. Das heißt, wenn man Glück hat, züchtet man Tauben, die es in gleicher Qualität vorher noch nicht gegeben hat, mit der Möglichkeit, diesen verbesserten Zuchtstand durch Kombinationszucht und durch Rückkreuzung zu festigen. Die Wahrscheinlichkeit, daß auf diese Weise ein Glückstreffer eintritt, ist umso größer, je umfangreicher eine hierfür geeignete Population ist.

Durch Einkreuzung von Vorhaltern, das sind Tiere einer anderen Familie der gleichen Rasse oder Tiere einer anderen Rasse, die hierfür geeignet erscheinen und die eine deutlich größere Körpermasse aufweisen, läßt sich die Zucht auf Körpergröße beschleunigen.

Das Gesagte gilt natürlich auch für die Zucht auf weniger Körpermasse. Die Wiener Rassen zum Beispiel sind ohnehin schon sehr klein, aber sie ließen sich durch Auslese bei Erhaltung aller anderen Eigenschaften weiter in der Körpermasse vermindern.

Blicken wir uns einmal bei anderen Haustieren um, so sehen wir, daß große Unterschiede in der Körpermasse auch bei Hunden, Pferden, Rindern und Hühnern vorhanden sind. Diese Unterschiede wurden durch ständige Auslese über ein paar

Böhmentaube, blau, weiß-geschuppt in gewünschter waagerechter Haltung.

tausend Jahre herausgezüchtet, wie es bei unseren Taubenrassen auch der Fall war.

Bei jeder Zucht, die über die Erhaltung und Verbesserung einer Rasse hinausgeht, muß man sich natürlich fragen, ob sie zweckmäßig und im Sinne des Tierschutzes vertretbar ist. Die Vertretbarkeit muß hinsichtlich der Körpermasse eindeutig bejaht werden.

Wenn zuvor über Einkreuzungen geschrieben wurde, muß nun auch darauf hingewiesen werden, daß viele Einkreuzungsversuche nicht zum Erfolg führen. Oft zeigen die Nachkommen von Kreuzungstieren nicht den gewünschten Typ und die gewünschte Farbzeichnung. Wenn dann mehrere Generationen von Rückkreuzungen auch nicht zum Erfolg führen, sind mehrere Zuchtjahre verloren gegangen.

Einkreuzungen müssen immer sehr vorsichtig am Rande erfolgen und dürfen die normale Reinzucht nicht beeinträchtigen. Sonst kann der ganze Bestand die typischen Eigenschaften seiner Rasse verlieren. Auch dafür gibt es Beispiele aus der Praxis. Züchten ist und bleibt eine Kunst, bei der der Züchter seine Kenntnisse über die Naturgesetze durch das Zusammenstellen von Zuchtpaaren zur Anwendung bringt. Auf einen durchschlagenden züchterischen Erfolg kann er aber nur hoffen.

Wenn Tauben nicht züchten wollen

Immer wieder hört man, daß bei bestimmten Züchtern oder bei bestimmten Rassen die Tauben nicht so züchten wollen, wie man es von ihnen erwartet. Die Ursachen können sehr unterschiedlich sein.

Zur Beantwortung muß man das anstehende Problem in seine möglichen Faktoren zerlegen und anschließend untersuchen, welche Ursachen für den verminderten Fortpflanzungswillen infrage kommen und entsprechende Gegenmaßnahmen zur Besserung ergreifen.

Ursachen für verminderte Zuchtwilligkeit sind:
1. Die Taube ist noch zu jung
2. Die Taube ist zu alt
3. Eine Täubin legt nicht mehr
4. Befall mit Innenparasiten

5. Befall mit Außenparasiten
6. Zu frühe und zu späte Jahreszeit
7. Verminderung des Bruttriebes durch zu starke Inzucht
8. Zu große Rassenunterschiede

Die Taube ist zu jung

Junge Tauben müssen etwa ein halbes Jahr alt sein, bevor sie zur Zucht eingesetzt werden können. Haben sie dieses Alter noch nicht erreicht, sind alle Bemühungen, sie zur Zucht zu bewegen, zwecklos. Eintreten kann so ein Fall, wenn man junge Tauben einer Rasse zur Zucht einkauft und nicht bemerkt, daß diese Tiere das Alter für eine Fortpflanzung noch nicht erreicht haben.

Kauft man ordnungsgemäß beringte Tauben, so kann man am Ring den Geburtsjahrgang erkennen. Außerdem gibt der Mauserstand der zehn Hauptschwingen einen Hinweis auf das Alter. Die zehn Hauptschwingen werden von innen nach außen ausgewechselt. Der gesamte Wechsel dauert etwa acht Monate und wird im Winter unterbrochen. Hat eine Taube aus dem vorigen Geburtsjahr im Frühjahr noch mehrere Hauptschwingen nicht geworfen, dann ist es ein spätjunges Tier aus der dritten oder vierten Brut, das für die Zucht noch zu jung ist. Jungtiere aus dem zeitigen Frühjahr können jedoch noch im Geburtsjahr eine Zucht im Herbst machen. Unter strikter Zuchtführung sollte dies nicht passieren. Biologisch ist aber die Zucht von zwei Generationen möglich.

Die Taube ist zu alt

Zu alte Tauben haben nicht mehr den Bruttrieb wie junge Tiere. Manchmal kommt es nach der Paarung bei den Weibchen nicht mehr zur Eiablage oder der Täuber hat die Eier nicht mehr befruchtet. Handelt es sich um wertvolle Zuchttiere, sollte man in der Kloakengegend vor der Befruchtung die Federn entfernen und ein weiteres Gelege abwarten. Erfolge werden auch erzielt, wenn man einem solchen älteren Tier ein feuriges einjähriges Partnertier zur Paarung gibt.

Eine Täubin legt nicht mehr

Legt eine noch nicht zu alte Täubin nicht mehr, so kann sie gesundheitliche Probleme haben. Die Ursachen sind meistens nicht feststellbar und können verschiedenen Ursprungs sein. In einigen Fällen wurde beobachtet, daß mehrjährige Täubinnen nach häufigen Impfungen gegen Paramyxoviren nicht mehr zur Eiablage kamen. Exakte Beweise für Zusammenhänge fehlen aber. Von positiven Ausnahmen abgesehen, sind Täubinnen acht bis zehn Jahre lang zuchtfähig.

Befall mit Innenparasiten

Sind Zuchttauben stark mit Spulwürmern, Haarwürmern, Luftröhrenwürmern, Kokzidien, Hexamiten, Trichomonaden oder Salmonellen befallen, so kann schon eine Infektion allein und noch mehr das Zusammentreffen der Ausbreitung mehrerer Parasiten im Organismus so zur Schwächung der Tauben führen, daß diese Tiere nicht mehr zur Brut fähig sind, sondern lustlos vor sich hinkauern. Eine systematische Kontrolle, die so starken Befall gar nicht erst aufkommen läßt, sollte in jeder Taubenhaltung selbstverständlich sein. Gesunde Tauben zeigen in der Zuchtzeit immer einen starken Bruttrieb.

Befall mit Außenparasiten

Außenparasiten, wie Zecken, Milben und Federlinge, führen meistens nicht zur absoluten Brutunlust. Doch wurde bei starkem Befall schon beobachtet, daß Milben in die Körperöffnungen frischgeschlüpfter Jungtiere eindringen und diese Küken in den ersten Tagen absterben. Manche Tiere sitzen unruhig auf dem Nest oder trippeln mit den Beinen, weil die Insekten einen Juckreiz ausüben, der das Wohlbefinden der Tauben entscheidend stört. Die Bekämpfung der Insekten ist heute mit modernen Mitteln kein Problem mehr und macht wenig Mühe.

Zu frühe oder zu späte Jahreszeit

Der Bruttrieb richtet sich nach der Dauer der Lichteinstrahlung. Möchte man Frühbruten haben, damit die Jungtiere im Oktober schon soweit durchgemausert sind, daß sie auf Ausstellungen geschickt werden können, kann man die Zuchttiere in den Monaten Dezember bis Februar anpaaren. Normalerweise zeigen die Tauben in dieser Jahreszeit noch keinen Bruttrieb. In diesem Falle muß man mit zusätzlicher Beleuchtung nachhelfen. Meist genügt es, wenn die zur Zucht bestimmten Tauben drei Wochen lang etwa 14 Stunden am Tag beleuchtet werden, wobei die natürliche Tageszeit in diese Berechnung mit einbezogen wird. Will man noch spät im Herbst züchten, dann ist dies auch nur mit Hilfe der zusätzlichen Beleuchtung möglich. Normalerweise werden die Tauben spätestens ab der Sonnenwende im Dezember nach Geschlechtern getrennt. Ab 1. März ist dann der natürliche Bruttrieb so stark vorhanden, daß man die Zuchtpaare, so wie man sie laut Zuchtplan gerne zusammensetzen möchte, miteinander paaren kann. Diese Steuerung des Bruttriebes mit zusätzlichem Licht gilt natürlich für unsere Breitengrade. In südlicheren Ländern ist der Bruttrieb der Tauben immer vorhanden.

Mit der Sommersonnenwende wird die Lichteinstrahlung jeden Tag geringer. Dies wirkt sich negativ auf den Bruttrieb aus. Dieser geht jedoch sehr langsam zurück. Wenn die Tauben ununterbrochen züchten, kann es sein, daß im September noch ein neues Gelege kommt. Manchmal läßt das Treiben des Täubers aber schon im August stark nach. Ebbt der Bruttrieb ab, wird die Mauser intensiviert. Starker Bruttrieb und gleichzeitig starke Mauser schließen sich gegenseitig aus. Man sollte die Zuchtzeit immer natürlich ausklingen

lassen und das letzte Gelege durch Gipseier ersetzen. Danach wird sich eine intensive Mauser einstellen. Man kann dann mit der Zucht durch eine Frühbrut ab Dezember bis Februar nach entsprechender Beleuchtung wieder einsetzen.

Zu starke Inzucht

Es ist nur zu natürlich, daß innerhalb einer Rasse oder innerhalb eines Farbenschlages immer wieder die Tauben, die auf den Ausstellungen am besten bewertet wurden, miteinander verpaart werden. Die genetische Varianz aller Tauben dieser Rasse oder dieses Farbenschlages wird durch die Inzucht immer enger. Es ist wohl gut, einen durchgezüchteten Stamm zu besitzen, bei dem die wichtigsten Merkmale der Rasse so gut und sicher vererbt werden. Doch ständige Inzucht führt irgendwann nach vielen Generationen zu Inzuchtschäden, die sich sehr verschiedenartig äußern können. Holt man sich dann andere Tauben der gleichen Rasse aus einem anderen Bundesland hinzu, so glaubt man, man habe sich frisches Blut geholt. Verfolgt man jedoch deren Abstammung, dann kann sich zeigen, daß auch diese Tiere seit einigen Generationen gleichen Ursprungs sind. Ein Nachteil der längeren Inzucht kann sich in mangelnder Brutlust äußern. Man hat dies ab und zu in den letzten Jahrzehnten festgestellt. Soweit sollte es nicht kommen. Erfolgreich züchten heißt, einen hohen Leistungsstand zu halten und zu verbessern.

Vorbereitung der Winterbrut

Da große, schwere Tauben sich verhältnismäßig langsam entwickeln, sind Jungtiere solcher Rassen, wenn sie Ende März schlüpfen, im Oktober noch nicht ausstellungsreif. Zu dieser Zeit beginnen aber die großen Schauen, wie die für alle deutschen Züchter offene Junggeflügelschau in Hannover. Will man also auf Oktoberschauen erfolgreich ausstellen, muß man die Brutzeit vorverlegen. Für die Winterzucht werden sehr bewährte ältere Zuchttiere ausgesucht, die selbst schon auf Schauen ihre äußere Qualität bewiesen haben. Man stellt die Zuchtpaare zusammen und setzt sie nach Geschlechtern getrennt in einen besonderen Schlag. Dieser wird unter Einbeziehung des Tageslichtes 14 Stunden lang pro Tag beleuchtet. Die Beleuchtungsintensität bleibt gering. Man soll nicht mehr als vier Watt/m³ geben. Das Licht wirkt über das Auge auf die Hypophyse, die hierdurch vermehrt Geschlechtshormone produziert und somit die Tauben paarungswillig macht. Die Tauben haben diese Beleuchtung sehr gern, sie ist ihnen lieber als im Dunkeln sitzen zu müssen.

Nach etwa vierzehn Tagen werden die Paare zusammengesetzt, ein jedes in seine Nistzelle. Schon bald beginnen die Täuber mit dem Treiben, die Weibchen zeigen sich sehr paarungswillig und nach 10 bis 14 Tagen werden die ersten Eier gelegt. Da es sehr kalt ist, sitzen die Tiere sehr fest auf ihren Eiern und fühlen sich in der warmen Nistschale ausgesprochen wohl. Achtzehn Tage nach der Ablage des zweiten Eies schlüpfen die Jungen. Auch sie werden besonders sorgfältig behütet. Man gibt den Jungen nun heizbare Nistschalen, so daß sie stets von unten gewärmt werden. Besonders wichtig ist dies nach etwa einer Woche, wenn die Eltern immer häufiger das Nest verlassen und die Jungen auf die Erzeugung ihrer eigenen Körperwärme angewiesen sind. Wird mehr Energie zur Wärmeerzeugung verbraucht, so wachsen die jungen Tauben ganz einfach langsamer.

Natürlich ist es noch besser, wenn man auch den gesamten Schlag in dieser Zeit auf Zimmertemperatur aufheizen kann, wie es ja in manchen Schlaganlagen neben Wohnhäusern oder Betriebsanlagen durchaus der Fall ist. Mit Ausgabe der neuen Verbandsringe, jeweils am 1. Januar, können dann diese Jungtiere sofort beringt werden. Ende Januar werden sie abgesetzt, während ihre Eltern bereits wieder auf dem nächsten Gelege brüten.

Die Mauser

Die Mauser der Tauben wird hormonell gesteuert. Je mehr im Spätsommer der Bruttrieb nachläßt, umso stärker werden durch das innersekretorische System die Hormone der Schilddrüse aktiviert, was wiederum zu einer verstärkten Mauser führt. Jedes Jahr werden alle Federn einer Taube erneuert. Bei manchen Tauben ist diese Erneuerung auch sehr nötig. Bei temperamentvollen Täubern zerschleißen die Schwingen. Viele Federn werden im Laufe des Jahres durch Insekten angefressen, viele sind verschmutzt und stumpf. Die Natur hat es weise eingerichtet, alle Tauben in jedem Jahr wieder mit einem neuen, sauberen Federkleid erscheinen zu lassen.

Die neue Mauser beginnt bereits im Januar mit dem Beginn der Daunenmauser. Beim Reinigen der Sitzplätze kann man am Morgen deutlich sehen, daß etliche Daunenfedern abgestoßen wurden. Am meisten Beachtung findet bei den Züchtern die Mauser der zehn, manchmal elf Hauptschwingen. Der Beginn der Schwingenmauser ist abhängig von der Brutzeit.

Die Mauser beginnt innen mit der zehnten Schwungfeder. Sie fällt normalerweise, wenn das zweite Gelege zehn Tage lang bebrütet wurde. Ist die zehnte Feder zu drei Vierteln nachgewachsen, wird die neunte Feder abgestoßen. Die Mauser erfolgt bei beiden Flügeln gleichzeitig. Das Abstoßen der letzten äußeren Schwungfe-

der zieht sich bis zum Oktober/November hin. Man sagt, je gesünder die Tauben gehalten werden, desto schneller und besser verläuft die Mauser. Eine neugewachsene Feder benötigt etwa 25 Tage, bis sie die normale Größe erreicht hat. Vom Fallen der ersten Schwungfeder bis zum Fallen der letzten vergehen von Mitte April bis Mitte Oktober ungefähr 180 Tage, das heißt, etwa alle 18 Tage wird eine Feder abgestoßen.

Die Mauser der Schwanzfedern erfolgt nach einem anderen Rhythmus. Die meisten Rassen haben 12 Federn in ihrem Schwanz. Bei Pfautauben ist die Zahl der Schwanzfedern nicht festgelegt, aber deutlich höher. Bei Danziger Hochfliegern werden mindestens 14 Schwanzfedern gefordert. Auch die Schwanzfedern zählt man von außen nach innen, also normalerweise mit den Nummern 1 bis 6.

Die Tauben werfen zuerst beidseitig die fünfte Innenfeder, dann die sechste. Anschließend fallen die vierte, dritte, erste und zum Schluß die zweite Feder. Es gibt aber auch Ausnahmen von dieser Reihenfolge.

Die Deckfedern fallen erst verstärkt, wenn die drittletzte Schwungfeder etwa Ende August bis Anfang September gefallen ist. Jedoch werden auch schon vorher Deckfedern gewechselt. Am besten kann man dies bei den Jungtieren erkennen. Im Alter von etwa acht Wochen wechseln die

Jungtiere die innerste Schwungfeder erster Ordnung. Nach drei weiteren Wochen folgt die nächste Feder. Von nun an sieht man, wie auch Deckfedern an der Flügeldecke ausgewechselt werden.

Während der gesamten Mauser bleibt die Flugfähigkeit der Tauben erhalten. Nur sehr selten gibt es bei den Tauben nackte Hautflächen, wie bei den Hühnern. Doch kann es sein, daß Kopf- und Halsfedern ziemlich gleichzeitig abgestoßen werden. Die meisten Tauben sehen zumindest recht rauh an Kopf und Hals aus, wenn ein Großteil der Federn ausgewechselt wird. Oft sind dann auch die Ohrlöcher zu erkennen. Brieftaubenzüchter sagen, man solle keine Tauben zu einem Flug auflassen, wenn die Ohren bei der Kopfmauser zu erkennen sind. Dies ist sicherlich eine sehr gute, vorsorgliche Maßnahme zum Schutz der Tauben.

Hauptmauser

Im August häufen sich die ausgefallenen Federn auf dem Schlagboden. An allen Körperstellen, wie Hals, Brust, Schultern, Bauch und Rücken fallen Federn aus, aber niemals gleichzeitig, so daß keine freien Flächen auf der Haut entstehen. Für Tauben, die im März oder April geschlüpft sind, ist die Mauser im November beendet. Beginnen aber die Ausstellungen bereits im Oktober, so ist unschwer einzusehen, daß man bemüht sein muß, die Frühbruten so zeitig anzusetzen, daß die Mauser bereits im Oktober ihren Abschluß gefunden hat.

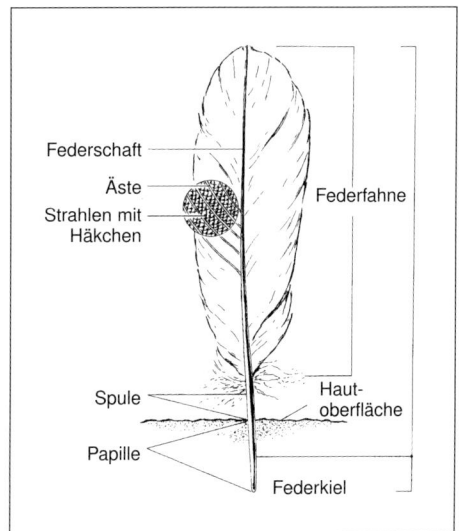

Aufbau der Taubenfeder.

Gesunde, neue Federn haben eine unverbliche reine Farbe. Ihr Aufbau ist regelmäßig mit scharfen Konturen. In der Hand fassen sich die Tauben weich und seidenartig an. Von Rasse zu Rasse liegen die Federn unterschiedlich straff am Körper an.

Bei gesunden Tauben, deren Federn ständig durch Baden, gute Pflege und Gesundheitskontrolle in einem optimalen Zustand gehalten werden, bildet sich so viel Federpuder, daß die Federn sehr glatt und geschmeidig sind. Nimmt man solche Tiere in die Hand, so sind sie so glatt, daß sie einem fast durch die Hände gleiten. Betrachtet man einzelne Schwungfedern, so sind auch diese an den Schäften glatt und leuchtend. Die Federäste sind durch die Hakenstrahlen gut miteinander verzahnt.

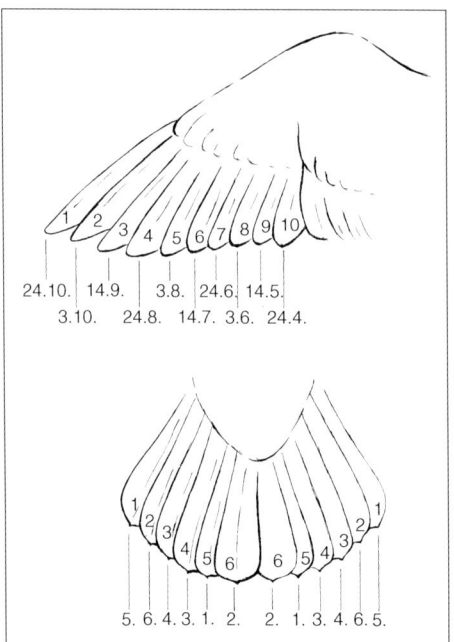

Zeitraum und Reihenfolge der Mauser (oben).
Die Mausergeschwindigkeit hängt ab von der
Rasse, Brutbeginn, Temperatur und Gesundheitszustand. Ungefährer Verlauf der Mauser
der Hauptschwingen und der Schwanzfedern.
Reihenfolge des Wechsels der Schwanzfedern
bei der Mauser (unten).

Solche festen und elastischen Fahnen sind
der starken Beanspruchung beim Flug voll
angepaßt.

Fehlerhafte Federn

Fehlerhafte Federn entstehen, wenn Tauben zum Beispiel einige Tage gehungert
haben. Dies kann sehr leicht passieren,

wenn sie von einem Greifvogel gejagt werden, sich verfliegen und erst nach Tagen
ihren Heimatschlag wieder erreichen. In
einem solchen Fall kann es sein, daß eine
schnell wachsende Feder nicht ausreichend mit Nährstoffen aus dem Körper
versorgt wird und sich nicht voll aus-
wächst.

Manchmal gibt es Federn, die in der
Mitte gespalten sind. Man spricht von Fe-
derspliß; er kommt nur selten vor.

Trockene, stumpfe und rauhe Federn
deuten immer darauf hin, daß die Taube
nicht gesund ist. Störungen durch Parasiten im Darmtrakt aber auch durch Außenparasiten dürften die Ursache sein. Federlinge und Milben leben von der Federnsubstanz und von Hautschuppen und nehmen sie als Nahrung auf. Ein Befall mit
Trichomonaden, Kokzidien, Salmonellen
und Hexamiten macht die Tauben krank.
Sie fühlen sich unwohl, sitzen mit gesträubtem Gefieder herum, putzen es wenig, so daß es stumpf und unansehnlich
wird. Krankheitsbekämpfung mit den entsprechenden Medikamenten und regel-
mäßige Insektenbekämpfung sind die richtigen Mittel, um das Übel zu beseitigen.

Beschädigte Federn werden aber auch
durch ein Bad nicht wieder vollständig.
Will man, daß einzelne beschädigte Federn ersetzt werden sollen, so muß man
sie einzeln vorsichtig herausziehen. Hierdurch wird das Federnbett nicht beschädigt. Nach etwa vier Wochen sind die neu-
en Federn nachgewachsen. Ansonsten
bleiben beschädigte Federn bis zur nächsten Mauser sitzen.

136

Federnmenge

Die stickstoffhaltige Substanz im Federkleid soll nach Angaben in der Literatur bei einer mittelgroßen Taube etwa 70 g betragen. Diese Zahl muß korrigiert werden, denn im Durchschnitt vieler Tauben wurde von uns eine durchschnittliche Federnmasse von etwa 30 g ermittelt. Das hat erhebliche Konsequenzen, allein schon hinsichtlich der Versorgung mit einer ausreichenden Menge an essentiellen, schwefelhaltigen Aminosäuren während der Mauserzeit. Es werden nicht einmal halb so viele Aminosäuren für die Federnbildung benötigt, wie in der Literatur angegeben. 20 Schwingen 1. Ordnung, 18 Schwingen 2. Ordnung und 12 Schwanzfedern wiegen durchschnittlich zusammen 9–10 g. Sie machen etwa ein Drittel des gesamten Federngewichtes aus.

Anzahl aller Federn

Die Anzahl aller Federn einer Taube zu bestimmen, ist ein sehr mühseliges Unterfangen. Durch das Zählen der Federn verschiedener Körperpartien beim Rupfen wurden die in nebenstehender Tabelle aufgeführten Größenordnungen ermittelt.

Die Federn bestehen überwiegend aus Keratineiweiß mit hornartigen Eigenschaften. Bei der Verwesung im Boden sind die Federn mit 14 % Stickstoff (N) ein hervorragender, nur langsam freiwerdender Stickstoffdünger. Hobbygärtner wissen dies sehr zu schätzen.

Es ist Juli/August. Vier Schwungfedern werden noch von innen nach außen gewechselt.

Dieses Analysenergebnis zeigt, daß die Federnsubstanz wenig Wasser und kaum Mineralstoffe enthält. Ein Teil des ausgewiesenen Fettes dürfte aus dem wasserabweisenden Federnstaub bestehen, da bei der Analyse alle in Äther löslichen Substanzen, also auch in Äther lösliche Nichtfette, miterfaßt werden. Das Untersuchungsergebnis zeigt, daß die Federn überwiegend aus Eiweiß bestehen. Alle Eiweiße sind aus vielen verschiedenen Ami-

Federnmenge einer Taube

Körperteil	geschätzte Anzahl an Federn
Kopf	1300
Hals	1200
Flügel	1000
Rücken	1200
Beine	600
Seiten	2000
Brust	1000
Haarfedern	1000
Summe	8300

Zusammensetzung der Federnsubstanz

7,0 % Wasser
2,6 % Rohasche
84,3 % Rohprotein
4,5 % Rohfett
0,9 % Rohfaser
0,7 % N-freie Extraktstoffe

100,0 %

Bestandteile der Rohasche

0,36 % Ca
0,27 % P
0,13 % Na
0,70 % Silizium

nosäuren aufgebaut. Der Gehalt an den wichtigsten Aminosäuren, die nicht im Körper gebildet, sondern über die Nahrung zugeführt werden müssen, wir nennen sie die essentiellen Aminosäuren, beträgt im Federneiweiß: 0,59 % Methionin, 4,23 % Cystin und 2,00 % Lysin. Da die gesamte Federnsubstanz etwa 30 g wiegt, sind in den Federn einer Taube etwa enthalten: 0,18 g Methionin, 1,24 g Cystin und 0,60 g Lysin. Da sich die Mauser über einen Zeitraum von zehn Monaten verteilt, werden täglich nur minimale Mengen an Aminosäuren aus dem Futter zur Federnbildung benötigt.

Aminosäurenbedarf zur Federnbildung

Richtige, vollwertige Ernährung ist für eine optimale Ausbildung aller Federn während der Mauser unerläßlich. Die Hauptmauser erfolgt in den Monaten Au-

gust und September über einen Zeitraum von etwa 60 Tagen. Da den ganzen Sommer über Federn gewechselt werden und die Hauptschwingen der Flügel und des Schwanzes etwa ein Drittel des gesamten Federngewichtes ausmachen, entfällt auf die Hauptmauserzeit gewichtsmäßig etwa der Austausch von zwei Dritteln aller Federn, also von etwa 20 g Federn. Folglich muß in dieser Mauserzeit täglich vom Körper der Taube etwa ein Sechzigstel des Eiweißes für 20 g Federn zu Federnsubstanz umgewandelt werden. Für den Bedarf an den drei wichtigsten Aminosäuren gibt dies eine tägliche Menge von 0,002 g Methionin, 0,014 g Cystin und 0,0065 g Lysin. Erhalten die Tauben ein übliches Zucht- oder Mauserfutter mit etwa 14,5 % Roheiweiß, dann sind in diesem Futter ungefähr enthalten: 0,21 % Methionin, 0,23 % Cystin und 0,62 % Lysin.

Die Aufstellung zeigt, daß eine ausreichende Versorgung unter praktischen Verhältnissen immer gegeben ist. Beim Cystin liegt der Bedarf für die Federnbildung bei etwa 20 % der täglichen Cystinzufuhr über das Futter. Da aber das Methionin in der Versorgung auch an die Stelle des Cystins treten kann und der Körper aus sei-

Zufuhr und Bedarf an den wichtigsten Aminosäuren für die Federnbildung in der Hauptmauserzeit

Tägliche Zufuhr an Aminosäuren in 30 g Futter	Davon für die Federnbildung geschätzter täglicher Bedarf
0,063 g Methionin	0,002 g = 3,2 %
0,069 g Cystin	0,014 g = 20,3 %
0,186 g Lysin	0,0065 g = 3,5 %

ner Substanz ebenfalls eine bestimmte Menge an Aminosäuren abbauen und für die Federnbildung zur Verfügung stellen kann, ist bei dieser Fütterung eine normale Federnbildung von der qualitativen Eiweißversorgung her gesehen gewährleistet.

Aminosäuregehalt im Taubenkörper

Eine Taube mit einer Körpermasse von etwa 500 g hat ohne die inneren Organe etwa 250 g Muskelfleisch. Zieht man hiervon den Gehalt an Muskelfett, Mineralstoffen und Wasser ab, so verbleibt eine Menge an reinem Eiweiß in der Trockenmasse von etwa 70 g. Dieses Eiweiß enthält etwa 0,9 % Methionin, 0,6 % Cystin und 5,8 % Lysin. Dies ergibt einen Gehalt dieser drei Aminosäuren in der Muskelmasse der ganzen Taube von ca. 0,63 g Methionin, 0,42 g Cystin und 3,70 g Ly-

sin. Diese Mengen deuten darauf hin, daß auch während einer starken Mauser der Bedarf an den Aminosäuren Methionin, Cystin und Lysin bei Verwendung eines Taubenfutters mit etwa 14,5 % Roheiweiß immer gut gedeckt ist.

Jahrhundertelange praktische Erfahrungen bestätigen diese durch moderne Untersuchungen untermauerten Ergebnisse. Will man bei federnreichen Rassen noch sicherer gehen, dann kann man in der praktischen Fütterung in dieser Zeit entweder ein Preßfutter mit etwa 18 % Roheiweiß und einem Gehalt von 0,3 % Methionin einsetzen oder das Körnerfutter mit etwa 20 mg Methionin pro Tier und Tag ergänzen. Das entspräche einer zusätzlichen Verabfolgung einer Methioninmenge von etwa 1 g pro Tag bei einem Bestand von 50 Tauben. Die Wahrscheinlichkeit, daß hierdurch die Qualität der Federn verbessert wird, ist sehr gering. Fest steht jedoch, daß eine solche Maßnahme niemals schaden kann.

Kunst-, Hoch- und Dauerflugtaubensport

Bei dieser Art der Taubenhaltung spielt das Ausstellungswesen eine untergeordnete oder gar keine Rolle. Kunstflieger sind Purzler, Roller, Sturzflieger, Bodenroller, Rüttelflieger, Klatschtümmler, Wellenflieger und Ringschläger. Früher einmal waren alle Tümmler ausgezeichnete Flieger.

Zu den Hochflugrassen gehören Tauben, die in luftige Höhen aufsteigen und hoch über dem Schlag ihre Kreise drehen. Oft sind sie nur noch in Mückengröße, manchmal gar nicht mehr zu erkennen.

Dauerflieger sind die Flugtippler, deren Züchter ihr eigene Organisation mit eigener Ausgabe von speziellen Fußringen haben.

Flugtaubenrassen

Während die Ausstellungstauben vorwiegend in Volieren gehalten werden, um Verluste durch Unfälle und durch Greifvögel zu vermeiden, erhalten die Flugtauben während der Frühlings- und Sommermonate jeden Tag ihren Freiflug. In vielen Rassen steckt ein unbändiger Flugtrieb, so daß sie je nach Rasse und Alter sich zum Teil stundenlang in der Luft austoben. Flugtauben wurden leider jahrzehntelang von den Ausstellungstauben stark verdrängt. Hierfür gibt es viele Ursachen. Jedoch ist ein neuer Trend zum Halten von

Flugtauben wieder vorhanden. Flugtaubenhalter sind von ihrem Hobby sehr begeistert.

Zu den Hochflugtauben gehören eine ganze Reihe verschiedener Rassen, die aus verschiedenen Ländern stammen. Sie besitzen die vererbte Eigenschaft, nach einem gewissen Training, während eines Fluges rund um den Schlag, immer höher zu steigen, bis sie in großer Höhe kaum noch mit bloßem Auge zu erkennen sind. In solchen Höhen verweilen sie bei hellem, sonnigen Wetter oft stundenlang, um danach wieder zu ihrem Schlag zurückzukehren. Für Freunde von Hochflugtauben ist es ein unbeschreibliches Gefühl, wenn der eigene Schwarm in solche Höhen aufsteigt. Hochflugtauben sind selten geworden, da man in Deutschland die früher vorhandenen speziellen Hochflugrassen seit Jahrzehnten auf Schönheit züchtet, so daß ihnen bei einer schon jahrzehntelangen Haltung in Volieren und bei teilweiser Einkreuzung anderer Rassen, dieses spezielle Flugvermögen abhanden gekommen ist. Doch leben wir in einer Zeit der Renaissance. So gibt es heute wieder bei den Danziger Hochfliegern Stämme, die sehr gut zum Hochflug geeignet sind, während

Rangkämpfe gibt es überall. Hier wird das schwächere Tier vom Anflugbrett verdrängt. ▷

140

andere Bestände keinerlei Neigung mehr zeigen, in den Himmel zu steigen. Noch vor 60 Jahren waren die Danziger ausgezeichnete Flieger.

Will man testen, ob bei den alten deutschen Flugrassen die Hochflug- und Kunstflugeigenschaften noch vorhanden sind, sollte man mit einer Jungtiermannschaft mit dem Training beginnen.

Viele der heute in Deutschland gehaltenen Kunstflieger kamen nach dem letzten Krieg aus dem Mittelmeerraum. Sie finden langsam mehr Verbreitung. An windstillen, warmen Sommerabenden ist das Wetter für die Kunstflieger besonders günstig. Ansonsten sind sie aber Allwetterflieger. Ihre Eigenarten sind von Rasse zu Rasse verschieden. Die Roller ziehen ihre Kreise, währenddessen sie sich im Fluge möglichst häufig nach hinten überschlagen, wobei sie sich bemühen, nicht an Flughöhe zu verlieren. Die Purzler lassen sich beim Überschlagen gleichzeitig nach unten fallen.

Asiatische Klatschtümmler, auch Takla- oder Türkische Taklambat-Tümmler genannt, sind ausgesprochene Soloflieger, die ziemlich senkrecht aufsteigen, dabei mit den Flügeln klatschen und sich überschlagen. Häufig rütteln sie auf der Stelle, um dann wieder zu segeln, zu klatschen und sich nochmals zu überschlagen. Es wird berichtet (Kunstflugsport, Deutscher Flugrollerclub e. V.), daß ein Jungtäuber sich innerhalb von 10 Minuten auf der Stelle stehend 127 mal überschlug ohne an Höhe zu verlieren.

Galatzer Roller sind ausgezeichnete Flieger, die sehr hoch aufsteigen können, aber in geringerer Höhe fleißig rollen. Die Birmingham Roller sind allerbeste Flugtauben, die bis in Schmetterlingshöhe aufsteigen und dort fleißig rollen. Diese Rasse ist bei den Rollerzüchtern weit verbreitet.

Pazardschiktümmler stammen aus Bulgarien und wurden von Reichenbach nach Deutschland gebracht. Es sind schwere Tauben mit einer Körpermasse von etwa 500 g. Sie sind eifrige Flieger und bleiben bis zu fünf Stunden in der Luft. Während des Fluges rollen sie gern. Sie sind auch ausgezeichnete Sturzflieger mit gutem Orientierungsvermögen.

Gut bekannt sind bei uns die Orientalischen Roller. Wenn sie ausreichend trainiert werden, haben die meisten Stämme viel Freude am Rollen und sind dabei ausdauernde Flieger. Sie sind aus Smyrnaer Rollern hervorgegangen und diesen sehr ähnlich.

Zu den Roller- und Purzlertauben zählen außerdem die Französischen Tümmler, Syrische Wammentauben, Mardin-Roller sowie Arabische Qet-, Cabalhota-, Keloina und Brailaer Purzlertauben. Bis auf die Syrischen Wammentauben sind sie alle nicht im Deutschen Rassetauben Standard aufgeführt, weil sie als Flugtauben gehalten und nicht auf Schönheit gezüchtet werden. Leider fehlt daher für sie eine ähnlich genaue Rassenbeschreibung, die auch schwierig in der Darstellung wird, da sich manche Rassen sehr uneinheitlich im äußeren Erscheinungsbild präsentieren.

Siebenbürger Doppelkuppige Tümmler steigen nicht so hoch auf, aber sie zeigen verschiedene Kunstflugfiguren wie das Purzeln sowie Doppel- und Dreifachüberschläge mit senkrechtem und schrägem Fall.

Spezielle Sturzflieger, die bis in ihren Schlag hineinstürzen, sind die Mazedonischen Sturzflieger; es sind schnittige Tauben, stark bestrümpft und mit hellen Augen. Die Kelebeks und Duneks, die auch Seleniks genannt werden, stammen aus Griechenland. Die Kelebeks steigen hoch auf, um dann im Sturzflug zum Schlag zurückzukehren, wobei sie verschiedenartige Drehungen um die eigene Achse links- und rechtsherum vollführen. Die Duneks legen beim Sturzflug ihre Flügel an und kommen wie Habichte im Winkel von etwa 45 Grad herabgeschossen.

Zu den Tauben, die in der Luft die Flügel zusammenlegen, um an Höhe zu verlieren, gehören auch die Stellerkröpfer. Inwieweit flugfähige Stämme vorhanden sind, ist nicht bekannt. Die Nikolajewer Hochflieger beherrschen einen eigenartigen Rüttelflug auf der Stelle; sie kreisen niemals über ihrem Schlag und können sehr hoch aufsteigen.

Zu den Hochfliegern gehören ebenfalls die Serbischen, Topoljaner, Cuing, Griwuni, Odessa-Griwuni, Kasaner, Persischen, Hannoverschen, Bremer, Stralsunder und Memeler Hochflieger. Die alten deutschen Rassen tragen zum Teil nur noch diesen Namen.

Besonders erwähnt werden müssen die Wiener Tümmler und die Budapester Tümmler, deren Züchter in den Heimatstädten eine lange Tradition fortsetzen. In Wien sollen früher bei gemeinsamen Auflässen mehr als 3000 Hochflieger über der Stadt in luftiger Höhe ihre Kreise gezogen haben.

Ringschlägerrassen werden in nicht so großen Stückzahlen bei uns gezüchtet. Es sind die Rheinischen, die Belgischen, die Brabanter und die aus der Türkei importierten Anatolischen Ringschläger. Eng verwandt mit den Belgischen, aber etwas kleiner sind die Speelderken, mit besten Ringschlägereigenschaften. Beim Balzflug umfliegen sie ihr Weibchen in engen Kreisen mit klatschenden Flügelbewegungen, so daß durch die Ausübung dieser Bewegungen die Flügelfedern stark in Mitleidenschaft gezogen werden.

Je häufiger sie dies tun, desto besser werden sie in den Ringschlagwettbewerben beurteilt. Groninger Slenken besitzen einen langen, nach hinten gebogenen Hals, so daß der Kopf weit zurückliegt. Beim Laufen trippeln sie auf den Zehenspitzen. Sie sind Soloflieger. Im Flug schlenkern sie auf und ab, das heißt, sie fliegen wellenförmig mit bis zu einem Meter Höhenunterschied, oft bis nur einen halben Meter über dem Erdboden. Man unterscheidet die drei verschiedenen Flugbilder: Springen, Schwimmen und Segeln, die in weiten Kreisen fliegend, mit lautem Flügelklatschen gezeigt werden. Dabei stoßen die Flügel über und unter dem Körper zusammen. Das Klatschen unter dem Körper gibt der Taube einen Ruck und führt zum Springen.

Kunstflugvorführungen

Es gibt in Deutschland über 30 Roller-, Purzler-, Sturzflug-, Hochflug- und Dauerflugrassen, die von begeisterten Züchtern gehalten, gepflegt und für den Kunstflug trainiert werden. In mehr als zehn speziellen Vereinen sind die Flugtaubenzüchter zusammengeschlossen. Kunstflugtauben lassen sich außer an ihren gewohnten Schlag auch an Flugkästen gewöhnen. Dies bedarf allerdings einigen Trainings. Flugkästen sind verhältnismäßig klein und daher für einen Transport gut geeignet. Man kann sie so konstruieren, daß man sie zusammenklappen kann. Man transportiert die Tauben in einem Korb an irgendeinen geeigneten Zielort, baut den Flugkasten dort auf und setzt die Tauben hinein. Wenn das Wetter gut ist, kann man die Tauben an jedem Ort mit freier Fläche auflassen. Sie zeigen dort ihre Flugkünste. Sobald man ihnen die Droppertaube zeigt, kehren sie unverzüglich in ihren Flugkasten zurück. Somit können mehrere Züchter gleichzeitig an einem geeigneten Ort zusammenkommen und die Kunstflugtauben gemeinsam oder nacheinander auflassen und die Flugkünste der einzelnen Gruppen miteinander vergleichen. Auch auf beliebigen anderen Veranstaltungen können die Kunstflugtauben ihr Können einem erstaunten Publikum vorführen.

Droppertauben (meist weiße Pfautauben) sind besonders zutraulich. Werden sie gezeigt, kehrt der Kunstflugschwarm sofort zurück.

Droppertauben sind meistens weiße Pfautauben, die von Jugend an mit den Flugtauben zusammenleben. Der Züchter setzt sie immer dann aufs Dach, wenn die Flugtauben ihren Flug beenden und zum Fressen in den Schlag oder Flugkasten zurückkehren sollen.

Geburtsjahrganges durchgeführt. Die Flugergebnisse werden in den Fachzeitschriften und in den Vereinsmitteilungen veröffentlicht. Die besten Tauben werden prämiert und verstärkt in der Zucht eingesetzt. Spezialliteratur ist vorhanden und führt zu spezielleren Informationen.

Flugwettbewerbe

Wettflüge mit Dauerflugtauben

Seit nunmehr vierzig Jahren besteht in Deutschland eine eigene Flugsportvereinigung, die Deutsche Flugtippler Union, die mit Flugtipplern Wettflüge als Dauerflüge durchführt. Ihre Flugordnung hat sich der des Mutterlandes England angeglichen. Der Verein hat über 200 Mitglieder in ganz Deutschland. Es werden nur Flugtippler als Dauerflieger gezüchtet. Bei den Tauben spielen weder Typ, noch Farbe, noch Farbzeichnung eine Rolle. Während eines Sommers werden sieben Flugveranstaltungen angesetzt, die möglichst mit den Züchtern in den Niederlanden und in Großbritannien am jeweils gleichen Flugtag vereinbart werden. Da nur die Flugzeit ermittelt wird, kann diese von anerkannten Schiedsrichtern nach internationalem Flugreglement ermittelt werden. Der Weltrekord wurde im Jahre 1991 mit drei Tauben mit einer Flugdauer von 20 Stunden und 51 Minuten in England erzielt. Der deutsche Rekord steht dem nicht viel nach. Die Wettbewerbe werden sowohl mit Alttieren als auch mit Jungtauben des

Wettflüge mit Brieftauben

In den Monaten Mai bis September werden von allen Brieftaubenzüchtern überall in Deutschland Wettflüge durchgeführt. Es gibt etwa 70 000 Brieftaubenzüchter, die in 10 000 Vereinen organisiert sind. Mehrere Vereine sind zu einer Reisevereinigung zusammengeschlossen. Die Reisevereinigung führt gemeinsame Wettflüge nach einem vorher festgelegten Flugplan durch. Der Reiseplan beginnt mit einigen Trainingsflügen. Ihm schließen sich für die Alttauben 12 bis 14 Wettflüge an. Die Wettflüge beginnen mit Entfernungen zwischen 150 und 200 km und werden von Woche zu Woche gesteigert bis zu einem Endflug, der etwa 700 km vom Heimatort entfernt liegt.

Moderne Wettflugtauben haben eine außerordentlich gute Kondition. Durch systematisches Training, vollwertige Ernährung, sorgfältige Gesundheitskontrolle und liebevolle Behandlung durch den Züchter, geben sie alle Körperkräfte, um so schnell wie möglich wieder in ihren Schlag zurückzukehren. Dabei erreichen die schnellsten Tauben bei günstigen Windverhältnissen Geschwindigkeiten von über 100 Stundenkilometern. In jedem Jahr werden bei Flügen über 700 km Entfernung an jeweils verschiedenen Orten in Deutschland Geschwindigkeiten von 80 Stundenkilometern und mehr von den schnellsten Tauben erreicht. Bei widrigen Wetterverhältnissen ist die Flugdauer entsprechend länger.

Die Erfassung der genauen Rückkehrzeit jeder einzelnen Taube erfolgte jahrzehntelang, indem man ihr beim Einsetzen einen registrierten Gummiring anlegte, der nach ihrer Rückkehr vom Fuß gestreift und in eine Konstatieruhr gesteckt wurde. Dieses System hat auch in Zukunft weiter volle Gültigkeit.

Seit wenigen Jahren gibt es aber auch ein elektronisches Konstatiersystem. Bei diesem erhält jede Taube einen Dauerkennungsring zusätzlich zu ihrem normalen Fußring angelegt. Die Kenndaten beider Ringe werden vor einem Wettflug in einem Computer erfaßt. Kehrt eine Taube vom Wettflug zurück, so muß sie im Einflug über eine Sensorplatte laufen, die ihre Kennungsnummer erfaßt und an ein Registriergerät weiterleitet. Ohne Anwesenheit einer Person kann nunmehr von jeder heimkehrenden Taube die sekundengenaue Zeit ihrer Rückkehr ermittelt werden. In einer Preisliste wird das erste Drittel der heimkehrenden Tauben erfaßt, mit Angabe der Geschwindigkeit in m/Min. Nach dieser Liste werden die Preise für Sieger und schnellste Taubengruppen vergeben. Im August schließt sich den Alttierflügen das Jungtierfliegen an. Nach einigen Trainingsflügen werden mit den Tauben des jeweiligen Geburtsjahres noch 3 bis 6 Wettflüge mit Entfernungen bis zu 300 km durchgeführt.

Wettbewerbe mit Kunstflug-, Hochflug-, und Stilflugrassen

Alle Flugtaubenfreunde möchten in ihrem Bestand möglichst viele Tauben haben, die dem gewünschten Ideal möglichst nahe kommen. Seit vielen Jahrzehnten, wahrscheinlich sogar am allerlängsten, führen die Züchter der Wiener und der Budapester Hochflieger in ihren Spezialclubs ihre Flugveranstaltungen durch. Bei ihnen werden von den Wettflugrichtern Flughöhe und Flugdauer erfaßt und aus den Ergebnissen die Sieger ermittelt.

Für alle Roller- und Purzlerrassen wurde ein Bewertungsschema ausgearbeitet, das im Jahr 1991 aufgrund der Erfahrungen seine letzte Fassung erhielt. Die Punktvergabe erfolgt nach der Flughöhe. Bei den Rollern wird die Anzahl der Überschläge pro Minute geschätzt. Dafür werden zusätzlich Punkte vergeben.

Einige Flugtaubenclubs haben ein eigenes Schema entwickelt, das der von ihnen gezüchteten Rasse am besten gerecht wird.

Nicht alle Hochflugrassen steigen in Mücken- oder Flimmerhöhe auf. Manche bleiben in einer Region zwischen 100 und 300 m mit deutlichem Sichtkontakt zum eigenen Schlag. Sie unterscheiden sich aber deutlich im Flugverhalten von den Rassen, deren Flughöhe zwischen 10 und 100 m liegt.

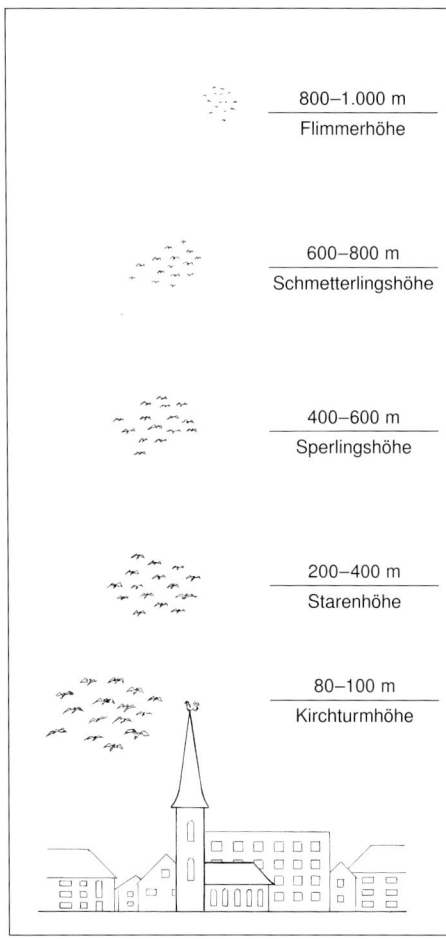

800–1.000 m
Flimmerhöhe

600–800 m
Schmetterlingshöhe

400–600 m
Sperlingshöhe

200–400 m
Starenhöhe

80–100 m
Kirchturmhöhe

Die Flughöhen von Tauben haben feste Bezeichnungen.

Manchmal finden nicht alle Hochflugtauben in ihren Heimatschlag zurück. Innerhalb der gleichgesinnten Züchterschaft werden sie jedoch gemeldet, wenn sie mit einem Namensring mit der An-

schrift ihres Besitzers versehen sind oder einen entsprechenden Flügelstempel besitzen, so daß man sie jederzeit zurückholen kann.

Taubenzüchter, die den Hochflugsport betreiben, sind in speziellen Flugsportvereinen organisiert. Diese Vereine haben ihre jeweilige Flugordnung entwickelt. Nach ihren Richtlinien kann die Flugleistung jedes Trupps oder Stiches eines jeden Züchters an jedem beliebigen Ort durch einen Kontrolleur bewertet werden. Sie macht damit einen Vergleich der Flugleistung aller Flüge an verschiedenen Orten zu unterschiedlichen Zeiten möglich. So lassen sich die besten Bestände und die besten Einzeltauben innerhalb einer Hochflugorganisation ermitteln.

Soll zum Beispiel ein kontrollierter Flug durchgeführt werden, so wird ein vom Verein anerkannter Kontrolleur zu einem bestimmten Termin eingeladen. Unter seiner Kontrolle wird ein Trupp, auch Stich genannt, der meist aus 3 bis 12 Hochflugtauben besteht, bei klarem Wetter frühmorgens gestartet. Die Flugdauer in den einzelnen Flughöhen wird vom Kontrolleur bis zur Landung genau protokolliert. Sicher ist es nicht einfach, für das Stilfliegen der Nikolajewer Hochflieger ein gerechtes Schema zu finden. Sie sind die einzigen Tauben, die im Rüttelflug auf der Stelle „stehen" können und über dem Schlag keine Kreise fliegen. Auch sie können in große Höhen entschwinden. Ihre Züchter bemühen sich, die besten Stil- und Dauerflieger herauszufinden und die Rasse züchterisch zu verbessern.

Ein einheitlicher Bestand präsentiert sich besonders wirkungsvoll. Schwarzgescheckte Temeschburger Schecken in der Voliere.

Flughöhen und Punktevergabe

Flughöhe	etwa in Metern	Punkte pro Flugminute
Untere Flughöhe	300 m	1
Mittlere Flughöhe	300–600 m	3
Obere Flughöhe	600–700 m	5
		Zusatzpunkte
Wenige Überschläge		1
Mehrere Überschläge		3
Mehrere aufeinanderfolgende Überschläge		5

Für Hochflieger werden die Flughöhen wie folgt bezeichnet

Kirchturmhöhe	80–120	m
Starenhöhe	200–400	m
Sperlingshöhe	400–600	m
Schmetterlingshöhe	600–800	m
Flimmerhöhe	800–1000	m

Bei den Bodenpurzlern gibt es Einzel-, Doppel- und Dauerpurzler, die sich, auf eine Ebene gesetzt, aus dem Stand nach hinten überschlagen. Die besten Dauerpurzler bringen es auf etwa 30 aufeinanderfolgende Überschläge. An Wettbewerbstagen müssen die Tiere am Austragungsort ihre Fähigkeiten zeigen. Für die besten Tiere ihrer Klasse werden Ehrenpreise vergeben.

Der Sonderverein der Züchter der Rheinischen Ringschläger veranstaltet Wettbewerbe für das Ringschlagen. Die eifrigsten Tiere werden ebenfalls prämiert und verstärkt in der Zucht eingesetzt. So hat man die Hoffnung, die Leistungen weiter steigern zu können.

Trotz eines riesigen Freizeitangebotes hat sich die Haltung von Kunst- und Dauerflugtauben in den letzten Jahrzehnten positiv entwickelt. Leider wird die Kleintierhaltung in geschlossenen Ortschaften aus Unkenntnis und Überbetonung anderer Wertmaßstäbe zum Teil erheblich erschwert. Deshalb sollten alle Kleintierzuchtorganisationen zusammenstehen und intensive Öffentlichkeitsarbeit bei allen Formen unserer Medien betreiben, damit Kleintierzucht von Politikern mehr gefördert und geschützt wird, denn Kleintierzucht im weitesten Sinne fördert das Familienleben und hält an zu Sparsamkeit, Gemeinschaftssinn und Verantwortungsbewußtsein.

Schlachten und Zubereiten

Strenge Auslese

Jeder Züchter muß selbst wissen, welche Tiere er in seinem Winterbestand behalten will. Eine alte Regel besagt, daß es besser ist, wenige gute Tauben zu halten, als einen großen Bestand, in dem auch viele Tiere mittlerer Qualität mit durchgehalten werden. Die eigentliche Auslese beginnt schon im Nest. Küken, die nicht recht vorankommen, sollte man sogleich entfernen. Das zweite Küken wird dann von den Eltern um so besser versorgt. Sind die Jungen flügge, kann man meistens schon erkennen, ob Tauben mit Fehlfarben dabei sind. Da sie nie das Rassenziel erreichen können, sollte man sich sogleich von ihnen trennen. Sie verbrauchen nur unnötig Futter. Zuchttiere, die sowieso nach Beendigung des Zuchtjahres ausscheiden sollen, merzt man auch rechtzeitig aus, wenn sie ihre letzte Brut aufgezogen haben. Bei den abgesetzten Jungtieren wird ständig beobachtet, ob die Entwicklung in die richtige Richtung läuft. Tiere mit krummen Brustbeinkämmen, schlechten Hauben, falscher Farbverteilung, unerwünschter Haltung, unkorrektem Stand und zu geringer Größe müssen ausscheiden, um besseren Tieren Platz zu machen. Andererseits wird man Zuchttiere, die hervorragende Junge aufgezogen haben, die aber selbst nicht beste Bewertungen erreichen, weiterhin zur Zucht einsetzen, um von ihnen weitere Jungtauben mit bester Qualität zu bekommen.

Letzten Endes regiert dabei der Züchter in seinem Taubenreich ganz allein. Hier kann er planen, probieren, züchten, umpaaren und sich mit den Regeln, Gesetzen und Varianten, die die Natur vorgegeben hat, auseinandersetzen. Am Ende führen gutes Ausgangsmaterial, gute Pflege und gesunde Haltung immer zum Erfolg.

Die Hauptauslese sollte bereits im August abgeschlossen sein, solange die Tauben noch nicht in der vollen Mauser sind. Es ist unangenehm, Tauben, die voller Federspielen sind, zu rupfen. Frühzeitiges Ausmerzen ist aber nicht bei allen Rassen möglich. Bei vielen Tauben muß man abwarten, wie sie sich nach der Mauser mit ihrem neuen Federkleid präsentieren, hinsichtlich Farbverteilung, Ausbildung der Haube, der Beinbefiederung, der Farbe der Augenringe und der Farbe des Schnabels und der speziellen Eigenschaften, zum Beispiel des Blasens bei den Kröpfern oder des so wichtigen Standes bei anderen Rassen. Bei manchen Tauben ändert sich bei der ersten Mauser sogar die Farbe der Federn, zumindest an bestimmten Körperstellen. Entgegen allen uns bekannten Gesetzen werden in bestimmten Familien durch die Mauser aus blauen Tauben blaugehämmerte. Farbige Tauben können durch die erste Mauser aufhellen oder nachdunkeln. Das ist nicht immer der Fall, das Abwarten kann sich aber in solchen Fällen lohnen. Entspricht jedoch eine Taube nach der Mauser nicht den erwarteten Anforderungen, muß man sich von ihr trennen.

Schlachten

Wer Tauben hält, muß auch Tauben schlachten. Selbst wenn man nur eine Zucht aufzieht, hat man seinen Bestand schon verdoppelt. Nicht jeder Züchter kann alle seine Tauben als Zuchttiere weggeben, und nicht jede aufgezogene Taube entspricht dem gewünschten Zuchtziel. Läßt man die Tauben ihrem Naturinstinkt entsprechend drei oder vier Mal im Jahr brüten, wird die Anzahl der auszumerzenden Tauben noch erheblich größer.

In der freien Natur ist dies nicht anders, denn etwa 60 % aller Jungvögel sind zu Beginn der nächsten Brutzeit nicht mehr am Leben. Nicht mehr benötigte Tiere unbedingt am Leben erhalten zu wollen, widerspricht allen Möglichkeiten einer sorgfältigen, artgerechten Taubenhaltung und wird überwiegend von Leuten vertreten, die mit sachgerechter Tierhaltung wenig in Berührung kommen und selbst nie Geflügel gehalten und gezüchtet haben, aber nun glauben, über das notwendige Tun der Taubenhalter richten zu müssen.

Entscheidend ist, daß die Tiere schmerzlos und schnell nach den gesetzlichen Vorschriften getötet und anschließend fachgerecht küchenfertig gemacht werden.

Rupfen

Es gibt mehrere Möglichkeiten, die geschlachteten Tauben küchenfertig zu machen. Einzelne Tauben wird man meistens trocken rupfen. Zuerst werden die großen Federn in den Flügeln und im Schwanz gezogen. Junge Tauben haben eine besonders zarte Haut. Bei ihnen ist es angebracht, die großen Federn einzeln zu ziehen. Die übrigen Federn werden möglichst mit nur drei Fingerspitzen gezogen und zwar immer in Richtung zum Schwanz der Taube. Nimmt man zu viele Federn zwischen die Finger, kann die Haut leicht einreißen. Diese Gefahr ist besonders bei den Halsfedern gegeben.

Sind die letzten Federn gezogen, wird der Schlachtkörper mit einer Flamme abgesengt, damit alle Haarfedern verschwinden. Schlachtet man mehrere Tauben gleichzeitig, so empfiehlt es sich, sie etwa 2–3 Minuten in heißem Wasser zu brühen. Die Federn lassen sich anschließend leicht herausziehen. Dieses Rupfen geht bedeutend schneller. Auch die Haarfedern werden mit entfernt.

Ausnehmen der Schlachttauben

Von der gerupften Taube werden die Läufe und der Aftermuskel entfernt. Anschließend wird die Haut am Kropf aufgeschnitten. Vorsichtig entfernt man die Kropfwand. Nun schneidet man die Haut des Bauches auf, so daß man mit zwei Fingern hineingreifen kann. Gedärme, Leber,

Magen und Herz werden herausgezogen und voneinander getrennt. Der Magen wird aufgeschnitten und die Hornhaut abgezogen. Zum Schluß zieht man die Luftröhre heraus und mit einem Finger werden die Lungenflügel entfernt. Schlachtkörper und Innereien werden anschließend gewaschen und sind damit küchenfertig.

Durch Untersuchungen an etwa 50 Brieftauben wurden die in der Tabelle aufgeführten Durchschnittsgewichte ermittelt.

Diese Angaben sind natürlich keine feststehenden Werte. Nur die Größenverhältnisse werden sich kaum ändern. Unterschiede in den Anteilen gibt es selbstverständlich von Rasse zu Rasse sowie zwischen großen und kleinen, mageren und fetten, alten und jungen und zwischen vollgefütterten und nüchternen Tauben. Es steht jedem Taubenhalter frei, für seine eigenen Tauben entsprechende Zahlen zu ermitteln. Sie geben wertvolle Informationen über die gewichtsmäßigen Anteile der einzelnen Körperpartien und über den prozentualen Anteil vom Lebendgewicht der küchenfertigen Tauben.

Rezepte für die Zubereitung von Tauben

Tauben sind in der Küche ein sehr edles Geflügel. Wegen ihres mageren Fleisches und ihres Aromareichtums werden sie sehr geschätzt. Es gibt viele verschiedene Rezepte für eine erstklassige Zubereitung. Im allgemeinen rechnet man für eine

Zusammensetzung des Taubenkörpers

Körpermasse, lebend	498 g	100,0 %
Abgetropftes Blut	79 g	14,8 %
Kopf	11 g	2,2 %
Läufe	13 g	2,6 %
Federn	30 g	6,0 %
Gedärme	23 g	4,6 %
Herz	9 g	1,8 %
Leber	15 g	3,0 %
Lunge	5 g	1,0 %
Magen	11 g	2,2 %
Knochen	48 g	9,6 %
Muskelfleisch und Haut	260 g	52,2 %
Summe	498 g	100,0 %
Taube, küchenfertig	308 g	61,8 %
mit Herz, Leber und Magen	343 g	68,9 %

Hauptmahlzeit eine Taube pro Person, zumeist mit umfangreichen Beilagen, während als Vorspeise eine halbe Taube pro Person gereicht wird. Die aufgeführten Rezepte sind jeweils für vier Personen berechnet.

Bratfertige, junge Tauben werden vor der Zubereitung von innen und außen gewaschen und anschließend gesalzen und gepfeffert.

Gekochte Tauben als Krankenkost

Junge Tauben werden mit etwas Butter und klarer Brühe zugedeckt etwa 30–40 Minuten gegart. Das Fleisch wird von den Knochen gelöst und soweit möglich in Scheiben geschnitten. Die Brühe kann mit Ei und Gemüseeinlage direkt als Suppe serviert werden oder sie wird angedickt und zum Fleisch mit Gemüse und Kartoffeln als Soße gereicht.

Gebratene Tauben in Burgunder

Vier junge Tauben werden in einer Pfanne etwa 10 Minuten lang in Butter angebraten. Zwei große Zwiebeln und 600 g Champignons werden in einer Kasserolle mit acht Glas Burgunder übergossen und die Flüssigkeit auf die Hälfte eingekocht. Sodann gibt man den Inhalt der Kasserolle durch ein Sieb. Die Flüssigkeit gibt man mit etwas Butter zu den Tauben, die in 35–40 Minuten fertiggaren. Als Beilagen werden Gemüse, Kartoffeln, Kroketten, Reis oder Maronenpüree serviert.

Gebratene, gefüllte Tauben

Zwei Brötchen werden in Milch eingeweicht, ausgedrückt und zerkleinert. Herz, Leber und Magen der Tauben sowie 100 g Schinken werden feingehackt, mit zwei Eiern, Salz und Petersilie geknetet und mit Gewürzen abgeschmeckt. Hiermit werden die Tauben gefüllt. Die Brust wird mit Speckscheiben umwickelt und gebunden. Freie Stellen bestreicht man mit Butter und brät die Tauben auf einer Fettpfanne in dem vorgeheizten Bratofen. Nach 30–35 Minuten wird die Flüssigkeit mit Sauerrahm und Mehl zu einer Soße bereitet. Die Tauben werden mit Gemüse, Kartoffeln und Soße serviert.

Geschmorte halbe Tauben

Butter wird in einer Pfanne erhitzt und acht Taubenhälften werden darin gebräunt. Abgeschmeckt wird mit Salz, Pfeffer und Worcestersauce. Danach werden die Tauben bei stark reduzierter Hitze unter einem Deckel etwa 12 Minuten geschmort. Die Flüssigkeit wird mit Mehl gebunden und man läßt das ganze nochmals 5 Minuten schmoren. Die Taubenhälften werden auf Toast gelegt, garniert und serviert.

Tauben mit Mandeln

Vier Tauben werden in Weißwein mit Salz, Pfeffer, Nelken und Zwiebeln 30–40 Minuten weichgekocht. Eine Tasse voll zerkleinerter Mandeln wird in Butter angeröstet und die Tauben werden zusammen mit 200 g gekochtem Schinken in Streifen hinzugegeben. Das Ganze wird nun angebraten. Danach streut man vier gekochte, gewürfelte Eier darüber und löscht mit der Taubenbrühe ab. Zum Schluß mischt man zwei Tassen grüne, gekochte Erbsen unter und schmeckt mit Sherry ab. Serviert wird mit Weißwein, Gemüse, Salzkartoffeln, Kroketten oder Püree.

Tauben mit Oliven

Acht halbe Tauben werden mit Salz, Petersilie und gehackten Zwiebeln gedünstet. Nach etwa 20 Minuten werden Weißwein und Fleischbrühe hinzugegeben und das Ganze zugedeckt nochmals 20 Minuten gargedünstet. 200 g entkernte Oliven dünsten noch 5 Minuten lang mit. Die Brühe wird angedickt, mit Wein abgeschmeckt und als Soße angerichtet. Man serviert die halben Tauben mit Gemüse, Kartoffeln oder Reis und der Soße.

Tauben mit Champignons

400 g Champignons werden in dicke Scheiben geschnitten, in erhitztem Olivenöl angeschwitzt und danach in ein Sieb gegeben. Vier Tauben werden in einer Bratpfanne bei 200 °C 15 Minuten in Butter goldbraun gebraten. Das Fleisch wird von den Knochen gelöst, in Scheiben geschnitten und warmgestellt. Die Butter aus der Bratpfanne wird mit Weinessig kurz aufgekocht, in eine Glasschüssel gegeben und Senf, Salz, Pfeffer, Olivenöl und feingehackte Kräuter unter Umrühren hinzugegeben. Diese Soße dient als Dressing für 400 g Kopfsalat oder Feldsalat. Der Salat wird auf vier Teller verteilt, die Champignons in der Tellermitte angerichtet und die Fleischscheiben darauf dekoriert. Mit Weißwein und Weißbrot oder Kartoffeln mit Gemüse wird serviert.

Tauben am Spieß

Die Innereien werden in die Tauben eingelegt und die Tauben auf den Grillspieß geschoben. Sie werden mit Öl bepinselt, leicht gesalzen und gegrillt. Fett und Bratensaft fängt man unter den Tauben auf. In das Auffanggefäß gibt man etwas Essig, Wein, schwarze Oliven, Salbei und Zitronenscheiben. Gegrillt wird bei mäßiger Hitze. Nach dem Garen die Innereien herausnehmen und fein hacken, zur Soße geben und verrühren. Die Tauben werden halbiert, auf eine Platte gelegt und mit der Soße bedeckt. Serviert wird mit Beilagen und grünem Salat mit Salatsoße.

Tauben à la Bordelaise

Tauben werden halbiert, flachgeklopft, gewürzt und in Butter goldgelb angebraten. Nach dem Abdecken werden sie bei schwacher Hitze im eigenen Saft 35 Minuten geschmort. Man begießt sie mit Cognac und läßt sie ziehen. Artischockenböden werden in Scheiben geschnitten und in Butter gedünstet, ebenso gewürfelte Kartoffeln. Nun glaciert man Zwiebeln in Butter und Zucker. Toastbrot mit Butter wird in Öl geröstet. Die gekochte und zerdrückte Leber wird in die Soße gegeben. Tauben auf Toast und das Gemüse auf einer Platte mit Lebersoße servieren.

Gegrillte Tauben

Eine Zwiebel in kleine Würfel schneiden, Petersilie fein hacken und in eine Schüssel geben, Speiseöl und Gewürze hinzugeben und verrühren. Vier Tauben in die Soße legen und unter Wenden zwei Stunden marinieren, über Holzkohle knusprig braun grillen, dabei häufig wenden und mit Marinade bestreichen, mit Brot und Salaten servieren.

Garnierte Taubenbrüstchen

Die Taubenbrüste werden vorsichtig ausgelöst und leicht geklopft. Die übrigen Teile der Tauben werden zerkleinert und in heißem Fett zusammen mit Suppengrün und Zwiebeln angeröstet, sodann mit Mehl bestreut, gesalzen und mit Wasser durchgekocht. Diese Soße wird anschließend durch ein Sieb gegeben. Die Taubenbrüste werden kurz vor dem Anrichten leicht gesalzen, in Mehl gewendet und in heißer Butter von beiden Seiten kurz gebraten, bis sie eine bräunliche Farbe haben. Man setzt die Brusthälften auf einen Reissockel, garniert mit Gemüse, gibt die Soße darüber und bestreut alles mit Petersilie.

Taubenfrikassee

Vier halbierte Tauben werden mit zerkleinertem Suppengrün und zerhackter Zwiebel angedünstet und mit Brühe weichgedämpft. Die Brühe wird anschließend angedickt. Man gibt Pilze hinzu, verfeinert mit Eigelb und schmeckt mit Weißwein und Zitronensaft ab. Man legt die Taubenhälften hinein und läßt einige Minuten ziehen. Das Frikassee wird mit Salzkartoffeln, Reis oder Nudeln serviert. Für dieses Gericht sind auch ältere Tauben geeignet.

Taubenragout

Die vorbereiteten Tauben werden weich gekocht, das Fleisch wird von den Knochen gelöst und in Würfel geschnitten. Fein gehackte Zwiebel und kleingeschnittener Sellerie werden angedünstet, die Fleischwürfel darauf gelegt, gewürzt und einige Minuten gedünstet. Die Brühe wird hinzugefügt, gebunden und gar gedünstet. Dann wird mit Pilzen verfeinert, mit Sherry abgeschmeckt und mit grünem Salat und Kartoffelpüree serviert.Dieses Rezept ist für die Zubereitung älterer Tauben besonders zu empfehlen.

Organisationen und ihre Aktivitäten

Vereine und Verbände

In Deutschland gibt es etwa 2500 Rassegeflügel- oder Rassetaubenzüchtervereine. Sie beschäftigen sich mit der Förderung der Zucht aller Rassen von Tauben, Hühnern, Zwerghühnern, Puten, Enten, Gänsen und Ziergeflügel. Daneben existieren über 150 Sondervereine zur Förderung der Zucht einzelner oder mehrerer Taubenrassen. Einige von ihnen haben über 1000 Mitglieder (Kingtauben, Strassertauben). Zahlreiche Flugsportvereine widmen sich der Förderung des Kunst-, Hoch- und Dauerflugsportes. Neben allen diesen Vereinen gibt es fast 10 000 Vereine, die sich mit der Zucht und den Wettflügen von Reisebrieftauben befassen. Die Brieftaubenzüchter haben ihre eigenen, unabhängigen Organisationen.

Ortsvereine der Rassetaubenzüchter oder Geflügelzuchtvereine halten zumeist einmal monatlich ihre Versammlungen ab, die häufig mit Vorträgen, neuen Informationen und mit Tierbesprechungen angefüllt sind. Mehrere Ortsvereine einer Gegend sind in einem Kreisverband zusammengeschlossen. Die Kreisverbände sind in den einzelnen Bundesländern wiederum Mitglieder ihres Landesverbandes. Nur in Bayern stehen zwischen den Kreisverbänden und dem Landesverband noch die Bezirksverbände. Der Bund Deutscher Rassegeflügelzüchter (BDRG) ist die Dachorganisation aller Landesverbände. An seiner Spitze steht ein Präsident. Beim BDRG werden alle Richtlinien zur Förderung der Rassegeflügelzucht erarbeitet und beschlossen.

Sondervereine, -verbände und Ausschüsse

Die in Sondervereinen organisierten Rassetaubenzüchter haben ihren eigenen Dachverband, den Verband Deutscher Taubenzüchter (VDT). Er wurde im Jahr 1948 gegründet. Der VDT ist Mitglied im Bund Deutscher Rassegeflügelzüchter. Damit sind alle Rassegeflügelzüchter in einer einzigen Organisation zusammengefaßt. Im BDRG gibt es für die umfangreiche Arbeit mehrere Ausschüsse und Unterorganisationen. Eine sehr wichtige Unterorganisation ist der Verband Deutscher Rassegeflügelpreisrichter (VDRP). Er ist die Dachorganisation für die Rassegeflügelpreisrichter der einzelnen Landesverbände.

Außerdem gibt es weitere, wichtige Ausschüsse. An erster Stelle steht der Ausschuß für Zucht und Anerkennung. Er gibt im Einvernehmen mit der Preisrichterorganisation und mit den Sondervereinen die Richtlinien für die Standardbeschreibungen, für die Bewertungen und für die Neuzulassungen heraus. Außer-

157

dem gibt es die Ausschüsse für Jugendfragen und für Öffentlichkeitsarbeit.

Die Mitglieder der Sondervereine beschäftigen sich mit der Förderung der Zucht einer Rasse oder einer Rassengruppe. Ihr Ausdehnungsgebiet ist unterschiedlich groß. In einigen Sondervereinen kommen die Mitglieder aus allen Teilen Deutschlands und Europas. In anderen Sondervereinen haben sich die Züchter nur eines Bundeslandes oder mehrerer zusammenhängender Bundesländer zusammengeschlossen. Je nach Mitgliederzahl und Verbreitung einer Rasse gibt es ganz erhebliche Unterschiede. Viele Sondervereine geben Informationsschriften für ihre Mitglieder heraus, um die speziellen Kenntnisse über ihre Rasse, Mitteilungen über Schautermine und Erfolge ihrer Mitglieder bei Schauen bekanntzugeben.

Die Rassegeflügelzucht hat eine lange Tradition. Der erste Rassegeflügelzuchtverein wurde von Robert Oettel im Jahre 1852 in Görlitz gegründet. Die Gründungsmitglieder nannten ihn Hühnerologischer Verein. In ihm waren die Taubenzüchter gleichermaßen willkommen. Zu Ehren von Robert Oettel wurde vor wenigen Jahren von den deutschen Rassegeflügelzüchtern in Görlitz ein Erinnerungsdenkmal eingeweiht.

Erwerb der Mitgliedschaft

In allen Städten, oft auch in kleineren Ortschaften, gibt es Geflügelzucht- oder Taubenzuchtvereine. Möchte sich ein Taubenhalter einem Verein anschließen, so macht es nicht viel Mühe, sich beim nächsten organisierten Taubenzüchter nach den Möglichkeiten zu erkundigen. Die wichtigsten Anschriften aller Vereine und Verbände werden alljährlich im Grünen Jahrbuch, Verlag Oertel & Spörer, Reutlingen, veröffentlicht. Neue Mitglieder sind überall herzlich willkommen. Die Mitgliedschaft berechtigt, offizielle Verbandsringe zu beziehen und alle Ausstellungen in Deutschland und in Europa mit seinen eigenen Zuchtexemplaren zu beschicken. Auf den Versammlungen und beim Besuch von anderen Mitgliedern wird Fachwissen ausgetauscht. Dabei kann man oft staunen, mit wieviel Intensität und Wissbegier spezielles Fachwissen über Tauben schlechthin oder über die eigene Rasse von den Züchtern aufgenommen wird. Das erklärt den hohen Stand der deutschen Rassetaubenzucht.

300 Taubenrassen zur Auswahl

Bis zum Jahr 1995 wurden 267 Rassen im Deutschen Rassetauben Standard anerkannt. Weitere Rassen wurden importiert und stehen im Anerkennungsverfahren. Das Verfahren zur Anerkennung importierter oder neu gezüchteter Rassen wird im Deutschen Rassetauben Standard genau beschrieben. Etwa zwanzig weitere Rassen werden in Deutschland als Kunstflug-, Hochflug- oder Dauerflugrassen gezüchtet. Diese Flugtauben sind in ihrem Erscheinungsbild innerhalb der jeweiligen

Rasse oft unausgeglichen und wurden im Rassetauben Standard nicht miterfaßt. Bei ihnen steht die Flugkunst an erster Stelle. Daher wurden von den Züchtern auch keine Anträge auf Anerkennung gestellt. Insgesamt werden in Westeuropa weit über 300 verschiedene Haustaubenrassen von tausenden von Züchtern als Hobby zur Freude und Erholung betreut und gezüchtet. In anderen Teilen dieser Welt gibt es viele weitere Rassen und ebenso begeisterte Züchter. Von manchen Taubenzüchtern in anderen Ländern können wir in Deutschland hinsichtlich der Haltung und vor allem der Dressur noch viel lernen. Überall, wo Taubenzüchter sich begegnen, fühlen sie sich durch das gleiche Hobby miteinander verbunden. So wurde schon manche Freundschaft mit Taubenzüchtern in anderen Ländern geschlossen. Der hohe Zuchtstand der in Deutschland gezüchteten Tauben wird überall anerkannt. Wie schon immer fremde Taubenrassen nach Deutschland kamen, sind umgekehrt viele in Deutschland gezüchtete Rassen in die ganze Welt hinausgegangen. Besonders großes Interesse an der Taubenzucht oder -haltung gibt es in anderen europäischen und in arabischen Ländern sowie in den USA. Außerdem hat sich in den letzten Jahrzehnten die Rassetaubenzucht, die seit Jahrtausenden in Indien einen Schwerpunkt hat, in ganz Ostasien enorm ausgebreitet. Ein sehr bedeutendes Land für die Zucht von Rassetauben sind die USA, aus denen im Laufe der Zeit auch mehrere Neuzüchtungen (zum Beispiel King, Texaner, Giant Homer) nach Europa gelangten.

Ausstellungen

Die Ausstellungen sind die Wettbewerbsveranstaltungen für alle Rassegeflügelzüchter. Jeder Züchter kann hier seine schönsten oder besten Tauben ausstellen. Sie stehen mit den Tauben der gleichen Rasse anderer Züchter in Konkurrenz. Preisrichter, die für die jeweilige Rasse zum Richten zugelassen sind, bewerten jedes einzelne Tier, geben ihm eine Note und vergeben die Ehrenpreise an die besten Tiere. Jedes vierte Tier einer Ausstellung erhält einen Preis. Außerdem können für weitere Tauben bester Qualität Zusatzpreise vergeben werden. Die Ausstellungen geben einen Überblick über den Zuchtstand jeder Rasse und über die Qualität der Tauben des jeweiligen ausstellenden Züchters. Meistens beginnen die Schauen im Herbst mit einer Ortsschau des eigenen Vereins. Ihr folgt etwas später die Kreisschau, die jedes Jahr von einem anderen Verein des Kreisverbandes ausgerichtet wird. Unabhängig davon findet in jedem Oktober die für alle Züchter offene große Junggeflügelschau in Hannover statt, die mit über 15 000 Tieren beschickt wird. Hier treffen sich Züchter aus ganz Europa, um die vielen ausgestellten Rassen zu besichtigen und um speziell den neuen Jahrgang ihrer eigenen Rasse zu begutachten und Erfahrungen auszutauschen. Anschließend im November/Dezember werden in den einzelnen Bundesländern die Landesverbandsschauen durchgeführt. Ihnen schließt sich die Nationale Geflügelschau auf Bundesebene an. An einem weiteren Termin führt der Verband Deutscher Taubenzüchter (VDT) ebenfalls alljährlich seine Bundesschau durch. Seit Jahren wird abwechselnd in den westeuropäischen Ländern eine Europaschau veranstaltet. Außerdem gibt es für weitere große Ausstellungen in verschiedenen Bundesländern während der Winterzeit offene Ausschreibungen.

Alle Taubenzüchter haben also ausreichend Gelegenheit, ihre Tauben in nah und fern in Konkurrenz zu anderen Züchtern auszustellen. Sonderschauen für nur eine Rasse finden auf Landes-, Bundes- oder auf internationaler Ebene als eigene Schau oder aber im Rahmen einer anderen größeren Schau statt.

Ende Januar neigt sich die Ausstellungszeit ihrem Ende zu. Alle Zuchttauben müssen nun getrennt und auf die nächste Zuchtperiode vorbereitet werden. Die schweren Rassen sind teilweise schon wieder mitten im Brutgeschäft, damit ihre Züchter möglichst viele Jungtauben aus Frühbruten für die nächste Austellungssaison bekommen.

Klassifizierung

Auf Ausstellungen werden die Tauben nach dem in der Tabelle aufgeführten Schema bewertet.

Die Note v wird vergeben, wenn ein Tier ohne Mängel dem Standard der Rasse entspricht. Die Benotung muß von einem bis zwei weiteren Preisrichtern bestätigt werden.

Klassifizierung

Die Bewertung der Tauben auf den Ausstellungen erfolgt nach folgendem Schema:

vorzüglich	(v)
hervorragend	(hv)
sehr gut	(sg)
gut	(g)
befriedigend	(b)
ungenügend	(u)
ohne Bewertung	(o. B.)
unnatürliche Merkmale	(u. M.)
nicht anerkannt	(n. a.)

Das Urteil hv bekommt ein Tier, wenn nur ein ganz kleiner Mangel die Note v nicht zuläßt.

Ein sg ist in jedem Fall eine Auszeichnung für Tauben, die sämtliche typischen Rassemerkmale deutlich aufweisen und keinerlei besondere Mängel haben.

Erst das g weist auf kleine Mängel hin, aber grobe Fehler dürfen auch hier nicht vorhanden sein.

Selbst ein Tier mit der Note b kann trotz gewisser Fehler noch für die Zucht tauglich sein.

Tiere mit falscher Ringgröße, ungepflegt, mit beschnittenen Federn oder Tauben, deren Rasse noch nicht anerkannt ist, erhalten das Urteil o. B.

Bei Mißbildungen des Skeletts und der Federn wird die Bezeichnung u. M. vergeben.

Wenn Tauben einer noch nicht anerkannten Rasse auf einer für eine Vorstellung nicht zugelassenen Schau gezeigt werden, muß der Preisrichter die Bewertung n. a. vornehmen.

Einteilung der anerkannten Rassen im Deutschen Rassetauben Standard nach Gruppen

Gruppe		Anzahl der Rassen
I	Formentauben	35
II	Warzentauben	7
III	Huhntauben	6
IV	Kropftauben	28
V	Farbentauben	55
Va	Schweizer Farbentauben	21
VI	Trommeltauben	12
VII	Strukturtauben	7
VIII	Mövchentauben	15
IX	Tümmlertauben	77
X	Spielflugtauben	4
		267

Gruppe I: Formentauben

I.1	Römer Tauben
I.2	Montauban Tauben
I.3	Ungarische Riesentauben
I.4	Texaner Tauben
I.5	Saarlandtauben
I.6	Cauchois Tauben
I.7	Französische Sottobanca Tauben
I.8	Mondain Tauben
I.9	Carneau Tauben
I.10	Giertauben
I.11	Briver Schwarzköpfe
I.12	Strasser Tauben
I.13	Mährische Strasser Tauben
I.14	Prachener Kanik Tauben
I.15	Beneschauer Tauben
I.16	Luchstauben
I.17	Coburger Lerchen
I.18	Mittelhäuser Tauben
I.19	Lahore Tauben
I.20	Soultzer Hauben
I.21	Spaniertauben
I.22	Berner Halbschnäbler
I.23	Syrische Wammentauben
I.24	Basraer Wammentauben
I.25	Libanontauben
I.26	Damascener Tauben
I.27	Eichbühler Tauben
I.28	Poster Tauben
I.29	Show Antwerp Tauben

Gruppe	
I.30	Show Racer
I.31	Show Homer
I.32	Exhibition Homer
I.33	Genuine Homer
I.34	Deutsche Schautauben

Gruppe II: Warzentauben

II.1	Carrier Tauben
II.2	Dragoner Tauben
II.3.	Indianer Tauben
II.4	Französische Bagdetten
II.5	Nürnberger Bagdetten
II.6	Fränkische Bagdetten
II.7	Steinheimer Bagdetten

Gruppe III: Huhntauben

III.1	Malteser Tauben
III.2	Florentiner Tauben
III.3	Huhnschecken
III.4	Kingtauben
III.5	Modena Tauben
III.6	Deutsche Modeneser Tauben

Gruppe IV: Kropftauben

IV.1	Altdeutsche Kröpfer
IV.2	Holländische Kröpfer
IV.3	Pommersche Kröpfer
IV.4	Genter Kröpfer
IV.5	Französische Kröpfer
IV.6	Englische Großkröpfer
IV.7	Englische Zwergkröpfer
IV.8	Hanakröpfer
IV.9	Bayerische Kröpfer
IV.10	Verkehrtflügelkröpfer
IV.11	Sächsische Kröpfer
IV.12	Hessische Kröpfer
IV.13	Elsterkröpfer
IV.14	Steigerkröpfer
IV.15	Stellerkröpfer
IV.16	Starwitzer Flügelsteller
IV.17	Schlesische Kröpfer
IV.18	Thüringer Kröpfer

Einteilung der anerkannten Rassen im Deutschen Rassetauben Standard nach Gruppen

Gruppe		Gruppe	
IV.19	Aachener Bandkröpfer	Thüringer Farbentauben	
IV.20	Mährische Weißkopfkröpfer		
IV.21	Tschechische Eiskröpfer	V.26	Thür. Einfarbige
IV.22	Slowakische Kröpfer	V.27	Thür. Goldkäfer
IV.23	Liller Kröpfer	V.28	Thür. Weißschwänze
IV.24	Voorburger Schildkröpfer	V.29	Thür. Mäusertauben
IV.25	Norwich Kröpfer	V.30	Thür. Weißkopftauben
IV.26	Marchenero Kröpfer	V.31	Thür. Weißlatztauben
IV.27	Amsterdamer Kröpfer	V.32	Thür. Mönchtauben
IV.28	Brünner Kröpfer	V.33	Thür. Schwalben
		V.34	Thür. Flügeltauben
Gruppe V: Farbentauben		V.35	Thür. Storchtauben
V.1	Böhmentauben	V.36	Thür. Schildtauben
V.2	Gimpeltauben	V.37	Thür. Schnippen
V.3	Eistauben	V.38	Thür. Mondtauben
V.4	Dänische Stieglitze	V.40	Thür. Brüster
V.5	Startauben		
V.6	Feldfarbentauben	Sächsische Farbentauben	
V.7	Münsterländer Feldtauben		
		V.41	Sächs. Feldfarbentauben
Süddeutsche Farbentauben		V.42	Sächs. Weißschwanztauben
	(Sd. = Süddeutsche)	V.43	Sächs. Pfaffentauben
		V.44	Sächs. Mönchtauben
V.8	Sd. Kohllerchen	V.45	Sächs. Schwalben
V.9	Sd. Tigermohren	V.46	Sächs. Flügeltauben
V.10	Sd. Weißschwänze	V.47	Böhmische Flügelschecken
V.11	Sd. Blassen	V.48	Sächs. Storchtauben
V.12	Sd. Mönchtauben, belatscht	V.49	Sächs. Schildtauben
V.13	Sd. Mönchtauben, glattf.	V.50	Sächs. Verkehrtflügelfarbentauben
V.14	Echterdinger Farbentauben	V.51	Sächs. Schnippen
V.15	Sd. Schildtauben	V.52	Sächs. Mondtauben
V.16	Sd. Mohrenköpfe	V.53	Sächs. Brüster
V.17	Württembergische Mohrenköpfe	V.54	Altdeutsche Mohrenköpfe
V.18	Sd. Latztauben	V.55	Schlesische Mohrenköpfe
V.19	Sd. Schnippen		
		Gruppe Va Schweizer Farbentauben	
Fränkische Farbentauben		Va 1	Einfarbige Schweizertauben
		Va 2	Berner Lerchen
V.20	Fränk. Feldtauben	Va 3	Berner Gugger
V.21	Fränk. Herzschecken	Va 4	Berner Rieselkopftauben
V.22	Bernhardiner Schecken	Va 5	Berner Spiegelschwanztauben
V.23	Nürnberger Schwalben	Va 6	Berner Weißschwanztauben
V.24	Fränk. Samtschilder	Va 7	Thurgauer Mehlfarbige Tauben
V.25	Nürnberger Lerchen	Va 8	Thurgauer Weißschwanztauben

Einteilung der anerkannten Rassen im Deutschen Rassetauben Standard nach Gruppen

Gruppe		Gruppe	
Va 9	Thurgauer Mönchtauben	VIII.3	Altdeutsche Mövchen
Va 10	Thurgauer Schildtauben	VIII.4	Aachener Lackschildmövchen
Va 11	Thurgauer Elmer	VIII.5	Hamburger Sticken
Va 12	Wiggertaler Farbenschwanztauben	VIII.6	Italienische Mövchen
Va 13	Aargauer Weißschwanztauben	VIII.7	Einfarbige Mövchen (Afrikanische
Va 14	Luzerner Einfarbige Tauben		Owls)
Va 15	Luzerner Kupferkragen	VIII.8	Deutsche Schildmövchen
Va 16	Luzerner Goldkragen	VIII.9	Deutsche Farbenschwanzmövchen
Va 17	Luzerner Rieselkopftauben	VIII.10	Turbitmövchen
Va 18	Luzerner Weißschwanztauben	VIII.11	Englische Owlmövchen
Va 19	Luzerner Schildtauben	VIII.12	Anatolische Mövchen
Va 20	Luzerner Elmer	VIII.13	Orientalische Mövchen
Va 21	Zürcher Weißschwanztauben	VIII.14	Turbiteenmövchen
		VIII.15	Dominomövchen

Gruppe VI: Trommeltauben

VI.1	Bucharische Trommeltauben		
VI.2	Deutsche Doppelkuppige Trommeltauben		
VI.3	Deutsche Schnabelkuppige Trommeltauben		
VI.4	Bernburger Trommeltauben		
VI.5	Dresdener Trommeltauben		
VI.6	Harzburger Trommeltauben		
VI.7	Vogtländer Trommeltauben		
VI.8	Gabelschwanztrommeltauben		
VI.9	Schmöllner Trommeltauben		
VI.10	Arabische Trommeltauben		
VI.11	Fränkische Trommeltauben		
VI.12	Altenburger Trommeltauben		

Gruppe VII: Strukturtauben

VII.1	Lockentauben
VII.2	Schmalkaldener Mohrenköpfe
VII.3	Altholländische Kapuziner
VII.4	Perückentauben
VII.5	Pfautauben
VII.6	Indische Pfautauben
VII.7	Chinesentauben

Gruppe VIII: Mövchentauben

VIII.1	Antwerpener Smerlen
VIII.2	Altholländische Mövchen

Gruppe IX: Tümmlertauben

IX.1	Hannoversche Tümmler
IX.2	Bremer Tümmler
IX.3	Memeler Hochflieger
IX.4	Dänische Tümmler
IX.5	Deutsche Langschnäblige Tümmler
IX.6	Kasseler Tümmler
IX.7	Polnische Langschnäblige Tümmler
IX.8	Stralsunder Hochflieger
IX.9	Berliner Lange
IX.10	Berliner Langlatschige Elstern
IX.11	Berliner Weißschwänze
IX.12	Berliner Schwingigschwänze
IX.13	Danziger Hochflieger
IX.14	Pommersche Schaukappen
IX.15	Rostocker Tümmler
IX.16	Stargarder Zitterhälse
IX.17	Ostpreußische Werfer
IX.18	Niederländische Hochflieger
IX.19	Altholländische Tümmler
IX.20	Kölner Tümmler
IX.21	Elsterpurzler
IX.22	Englische Schautippler
IX.23	Englische Long Faced Tümmler
IX.24	Englische Short Faced Tümmler
IX.25	Wiener Tümmler
IX.26	Wiener Weißschilder

Einteilung der anerkannten Rassen im Deutschen Rassetauben Standard nach Gruppen

Gruppe		Gruppe	
IX.26	Wiener Kurze	IX.55	Nordkaukasische Positurtümmler
IX.27	Wiener Gansel	IX.56	Eisker Doppelkuppige Positurtümmler
IX.28	Budapester Kiebitz	IX.57	Rostower Positurtümmler
IX.29	Budapester Kurze	IX.58	Wolga Positurtümmler
IX.30	Orientalische Roller	IX.59	Usbekische Tümmler
IX.31	Persische Roller	IX.60	Chinesische Tümmler
IX.32	Debreciner Roller	IX.61	Englische Nonnen
IX.33	Bursa Tümmler	IX.62	Deutsche Nönnchen
IX.34	Regensburger Tümmler	IX.63	Hamburger Schimmel
IX.35	Rumänische Nackthalstümmler	IX.64	Hamburger Tümmler
IX.36	Mookeetauben	IX.65	Kalotten
IX.37	Temeschburger Schecken	IX.66	Märkische Elstern
IX.38	Komorner Tümmler	IX.67	Schöneberger Streifige
IX.39	Felegyhazaer Tümmler	IX.68	Berliner Kurze
IX.40	Batschkaer Tümmler	IX.69	Altstämmer
IX.41	Erlauer Tümmler	IX.70	Königsberger Reinaugen
IX.42	Szegediner Tümmler	IX.71	Königsberger Farbenköpfe
IX.43	Siebenbürger Doppelkuppige Tümmler	IX.72	Elbinger Weißköpfe
IX.44	Jassyer Tümmler	IX.73	Gumbinner Weißköpfe
IX.45	Rumänische Weißschwanztümmler	IX.74	Stettiner Tümmler
IX.46	Rumän. Geelsterte Bärtchentümmler	IX.75	Breslauer Tümmler
IX.47	Köröser Tümmler	IX.76	Prager Tümmler
IX.48	Agarantauben	IX.77	Posener Farbenköpfe
IX.49	Tulaer Sternschwanztümmler		
IX.50	Rschewer Sternschwanztümmler	**Gruppe X: Spielflugtauben**	
IX.51	Kiewer Tümmler	X.1	Belgische Ringschläger
IX.52	Griwuni Tümmler	X.2	Rheinische Ringschläger
IX.53	Kasaner Tümmler	X.3	Anatolische Ringschläger
IX.54	Taganroger Tümmler	X.4	Groninger Slenken

Vorbereitung der Ausstellungstauben

Zur Vorbereitung auf die Schau läßt man die Tauben sich baden. Zu einer guten Pflege gehört ohnehin, daß man ihnen jede Woche ein Bad anbietet. Bei stark belatschten Tauben muß auf die Sauberkeit der gesamten Beinbefiederung besonders geachtet werden. Unmittelbar vor dem Einkorben wäscht man den glattfüßigen Tauben noch einmal die Läufe, reinigt den Fußring und reibt die Läufe, bei einigen Rassen auch die Augenränder, ganz dünn mit Hautcreme ein. Verboten ist jede mechanische, chemische und medizinische Einwirkung auf Körperpartien durch Färben, Beschneiden, Kleben, Biegen, Bre-

164

chen, Nähen oder Einpflanzen. Manche Taube wurde schon durch Beschneiden der Haube „hingerichtet". Der Preisrichter darf dann auch bei bester Veranlagung nur die Note o. b. vergeben. Ebenfalls ist es nicht gestattet, farbige Federnfelder durch Entfernen der Federn zu beseitigen, wenn dadurch eine Lücke im Federkleid entsteht. Die Entfernung einzelner, andersfarbiger Federn in einem sonst gleichmäßigen Federfeld ist dagegen erlaubt. Alle Tauben sollten sich im Käfig in dem für die Rasse gewünschten Stand präsentieren. Besonders wichtig ist dies bei den Kröpfern, den Pfautauben oder den Zitterhälsen, um nur einige herauszugreifen. Diese Präsentation muß bei einigen Rassen rechtzeitig vor einer Ausstellung trainiert werden, indem man das betreffende Tier immer einmal wieder für einige Stunden in einen Ausstellungskäfig setzt. So gewöhnt sich das Tier an den Käfig, verliert seine Scheu und ist auch in der ungewohnten Umgebung einer Ausstellungshalle bereit, seine guten Eigenschaften, wie zum Beispiel das Blasen bei den Kröpfern, zur Schau zu stellen. Für eine gute Bewertung ist dies unerläßlich.

Reihenfolge der Rassen auf Ausstellungen

Für Veranstalter von Ausstellungen, für Preisrichter und für Ausstellungsbesucher ist es von Vorteil, wenn auf allen innerhalb der Organisationen des BDRG durchgeführten Ausstellungen die gleiche Reihenfolge der Rassen in den Käfigen eingehalten wird. Der erfahrene Züchter weiß damit sogleich, wo er diejenige Rasse in einer Ausstellungshalle suchen muß, mit der er sich speziell beschäftigen möchte. Hierdurch wird die Übersicht ungemein erhöht. Das gilt nicht nur für kleinere Schauen mit ein paar hundert Tieren, sondern ganz besonders auch für die großen Ausstellungen mit 10 000 bis 20 000 Ausstellungstieren und mehr. Im Zeitalter des Computers kann man natürlich jeder Rasse eine Kennziffer zuordnen, wie es vorstehend geschehen ist. Denn eine Numerierung der Rassen nach modernen Gesichtspunkten bringt sicher für Organisatoren, Preisrichter, Züchter und Besucher große Vorteile unterschiedlicher Art.

Sie erhöht den Überblick, der bei zur Zeit 267 anerkannten Rassen mit bis zu 30 Farbenschlägen sicher nur noch bei wenigen Experten vorhanden ist. Würde eine entsprechende Kennzeichnung der einzelnen Rassen auf den Ausstellungen erfolgen, wüßte man, wenn man sich bei Rasse Nr. IX.11, Berliner Weißschwänze, befindet, daß man noch an 62 anderen Rassen vorbeigehen muß, um an die gewünschte Rasse Nr. IX.73, Gumbinner Weißköpfe, heranzukommen, die man eingehender betrachten möchte. Solche Kennziffern könnten ebenfalls helfen festzustellen, wieviele Tiere jeder Rasse auf den einzelnen Schauen innerhalb des Kreisverbandes, des Landesverbandes oder auf Bundesebene gezeigt werden. Schnellere Erfassung jeder Rasse und die Verschaffung eines Überblicks über die

Anzahl der Rassen, die Anzahl der Tauben jeder Rasse und die Anzahl der ausstellenden Züchter jeder Rasse, würde hier helfen, die Vielfalt zu erhalten und zu verbessern. Denn das Fehlen von Ziffern in der Käfigreihe auf einer Ausstellung würde bei laufender Numerierung sofort auf das Nichtvorhandensein einer Rasse hinweisen. So würde man auf selten gewordene Rassen besonders aufmerksam werden. Es wird immer Züchter geben, die gerade diesen Tauben, die nur noch in wenigen Exemplaren vorhanden sind, ihre besondere Aufmerksamkeit widmen, bzw. deren Bestand erhalten und vermehren wollen. Aber sie müssen es wissen und mit konkreten Angaben aktiv hierauf hingewiesen werden.

Die Reihenfolge der Rassen auf den Ausstellungen erfolgt innerhalb der Gruppeneinteilung im Deutschen Rassetauben Standard von Gruppe I bis Gruppe X nach einem festgelegten Schema, welches aber nicht der alphabetischen Reihenfolge entspricht, nach der die Rassen im Standard angeführt werden. Dies ist auch nicht möglich, da immer wieder Rassen mit unterschiedlichen Namen in den Standard neu aufgenommen werden.

Das Taubenmuseum in Nürnberg

In aller Stille ist im Laufe der letzten Jahrzehnte auf dem Grundstück des Zuchtfreundes Karlheinz Sollfrank in Nürnberg ein Taubenmuseum in großartiger Gestaltung entstanden. Alle Gegenstände, Urkunden, Gemälde, Zeitschriften, Bücher und Darstellungen über Tauben wurden hier in mühevoller Kleinarbeit zusammengetragen und in vorbildlicher Aufmachung in wunderhübschen Glasvitrinen ausgestellt. Das Museum umfaßt alle Bereiche der Taubenhaltung bis zu den modernen Entwicklungen hin, von alten Taubenschlag-Gegenständen über Urkunden, Ehrenpreisen, Briefmarken, Gemälden bis zur modernen Literatur. Das Museum ist ständig im Auf- und Ausbau begriffen und mancher betagte Taubenzüchter hat dem Museum wertvolle Gegenstände, Urkunden und Ehrenpreise zur Erinnerung an Erlebnisse und Entwicklungen vermacht. Viele Ausstellungsgegenstände stammen noch aus dem 18. und 19. Jahrhundert. Dieses Museum kann selbst jeden Laien wegen seiner seltenen Stücke, seiner Ordnung und seiner Darstellungsart begeistern. Ein Gästebuch bezeugt, daß bereits Taubenzüchter aus allen Erdteilen die mit viel Liebe zusammengetragenen vielen Gegenstände aus der Welt der Tauben bewundert haben. Dieses großartige Museum ist weit über den Rahmen einer sonst üblichen privaten Sammlung hinausgewachsen. Es kann nur nach Absprache mit seinem Gründer, Zuchtfreund Karlheinz Sollfrank, betreten werden. Schon heute ist das Taubenmuseum in Nürnberg an Wochenenden für Taubenzüchter Ziel beliebter und lehrreicher Gesellschaftsreisen. Aber wie gesagt, das Museum ist nicht öffentlich. Deshalb müssen alle Besuchstermine vorher mit dem Gründer abgesprochen werden.

Literaturverzeichnis

Assmus, W.: Mövchentauben international.Verlag Oertel & Spörer, Reutlingen 1979

Becker, H.: Die Deutsche Schautaube. Verlag Oertel & Spörer, Reutlingen 1987

Brüggemann, T.: Brieftauben. Landbuchverlag, Hannover 1993

Brunck, W.: Italienische Mövchen. Verlag Oertel & Spörer, Reutlingen 1987

Deutscher Rassetauben Standard. Verlag Oertel & Spörer, Reutlingen 1996

Doll, P.: Die Modeneser Taube und ihr Sonderverein. Eigenverlag, Bad Wimpfen 1987

Doll, P.: Die Geschichte der Rassetaubenzucht in Deutschland. Eigenverlag, Bad Wimpfen 1995

Falke, K.: Faszination des Brieftaubensports.Verlag Die Brieftaube, Essen 1986

Finkernagel, A.: Die Maltesertaube. Eigenverlag, Dietzenbach 1984

Fischer, J.: Das Buch der Kröpfer. Verlag Oertel & Spörer, Reutlingen 1980

Grundel, W.: Brieftauben. Verlag Eugen Ulmer, Stuttgart 1993

Haag, D.: Ethogramm der Taube (Verhalten der Taube). Dissertation, Universität Basel 1984

Hartmann, M.: Das Taubenbuch. Deutscher Landwirtschaftsverlag, Berlin 1986

Heidmann, H.: Alles über den Dragoon. Eigenverlag 1987

Kaupschäfer, H. H.: Flugtaubensport. Verlag Oertel & Spörer, Reutlingen 1991

Levi, Wendell M.: The Pigeon.Verlag Levi Publishing Co., Sumter, South Carolina, USA 1977

Lüthgen, W.: Taubenkrankheiten. Verlag Oertel & Spörer, Reutlingen 1994

Lüthgen, W.: Der Persische Roller. Eigenverlag, Rodgau 1986

Mackrott, H.: Rassetauben. Verlag Eugen Ulmer, Stuttgart 1992

Marks, H.: Formen-, Riesen-, Sport- und Trommeltauben. Ziemsen-Verlag, Wittenberg 1975

Marks, H.: Huhn-, Struktur- und Warzentauben. Ziemsen-Verlag, Wittenberg 1980

Marks, H.: Kropftauben. Ziemsen-Verlag, Wittenberg 1985

Marks, H.: Kurzschnäblige Tümmler. Ziemsen-Verlag, Wittenberg 1989

Marks, H.: Langschnäblige Tümmler. Ziemsen-Verlag, Wittenberg (in Vorbereitung für 1997)

Müller, E.: Das Kingtaubenbuch. Verlag Oertel & Spörer, Reutlingen 1992

Müller, E.: Die Pfautaube. Verlag Oertel & Spörer, Reutlingen 1981

Müller, E.: Handbuch der Tauben. Schober-Verlag, Hengersberg 1984

Müller, E.: Rassetauben. Verlag Oertel & Spörer, Reutlingen 1982

Müller, E.; Stach, G.; De Koster, R.: Haltung und Zucht der Rassetauben. Verlag Oertel & Spörer, Reutlingen 1996

Paulus, F.: Zucht der Coburger Lerche. Verlag Oertel & Spörer, Reutlingen 1981

Raethel, H.-S.: Wildtauben. Verlag Eugen Ulmer, Stuttgart 1980

Regenstein, F.: Die Brieftaube. Verlag Oertel & Spörer, Reutlingen 1989

Rublack, E.: Strassertauben. Verlag Oertel & Spörer, Reutlingen 1982

Scholtyssek, S., Doll, P.: Nutz- und Ziergeflügel. Verlag Eugen Ulmer, Stuttgart 1978

Schrag, L.: Gesunde Tauben. Verlag L. Schober, Hengersberg 1973

Schröder, J.: Trommeltauben. Verlag Oertel & Spörer, Reutlingen 1991

Schütte, J.: Haustauben. Landbuch-Verlag, Hannover 1982

Schütte, J.: Taubenrassen. Landbuch-Verlag, Hannover 1993

Schütte, J.: Taubenzucht. Landbuch-Verlag, Hannover 1991

Schütte, J., Stach, G., Wolters, J.: Handbuch der Taubenrassen. Wolters-Verlag, Bottrop 1994

Sell, A.: Zucht und Vererbung der Tauben. Schober Verlags- GmbH, Hengersberg 1994

Sell, A.: Züchten mit System. Oertel & Spörer, Reutlingen 1995

Siekmeier, K.: Die erfolgreiche Zucht von Rassetauben. Verlag Oertel & Spörer, Reutlingen

Silvester, H.: Tauben. Bildband. Müller-Rüschlikon-Verlag, Zug, Schweiz, 1990

Steinke, O.: Polnische Langschnäblige Tümmler. Eigenverlag 1991

Tüllmann, A.: Die Deutschen Modeneser. Verlag Oertel & Spörer, Reutlingen 1990

Vogel, K.: Die Taube. Taubenkrankheiten. Schober Verlags GmbH, Hengersberg 1983

Vogel, K., Vogel, M., Detering, W.: Tauben. Deutscher Landwirtschaftsverlag, Berlin 1992

Wolters, J.: Der Altdeutsche Kröpfer. Wolters-Verlag, Bottrop 1983

Wintjes, J.: Der Pommersche Kröpfer. Verlag Oertel & Spörer, Reutlingen 1969

Fachzeitschriften und Jahrbücher

Geflügelbörse. Zeitschrift für Kleintierzüchter und Naturfreunde. Organ des Bundes Deutscher Rassegeflügelzüchter und der angeschlossenen Fach- und Landesverbände. Verlag Jürgens KG, Industriestraße 13, Postfach 1529, 82102 Germering

Deutscher Kleintierzüchter. Organ des Bundes Deutscher Rassegeflügelzüchter und der angeschlossenen Fach- und Landesverbände. Verlag Oertel & Spörer, Postfach 1642, Burgstraße 1–7, 72706 Reutlingen

Deutsche Geflügelzeitung. Zeitschrift für Züchter und Freunde von Rassegeflügel, Ziergeflügel, Exoten und Kanarien. Deutscher Bauernverlag GmbH, Postfach 130, Reinhardtstraße 14, 10117 Berlin

Die Brieftaube. Organ des Verbandes Deutscher Brieftaubenzüchter e. V. Verlag des Verbandes Deutscher Brieftaubenzüchter e. V. Schönleinstraße 43, Postfach 10 39 35, 45131 Essen

Das Grüne Jahrbuch. Wegweiser für Geflügel- und Taubenzüchter mit Anschriften der Verbände, der Preisrichter, der Sondervereine für viele Taubenrassen und mit Veranstaltungshinweisen. Verlag Oertel & Spörer, Postfach 1642, Burgstraße 1–7, 72706 Reutlingen

Jahrbuch für die Geflügelwirtschaft des Zentralverbandes der Deutschen Geflügelwirtschaft e. V. mit vielen Anschriften, Fachanzeigen, gesetzlichen Bestimmungen und einem umfangreichen Tabellenwerk über alle Futterinhaltsstoffe. Verlag Eugen Ulmer, Wollgrasweg 41, Postfach 70 05 61, 70574 Stuttgart

In den oben genannten Fachzeitschriften und Jahrbüchern sind alle Anschriften aus der Welt der Tauben sowie Bezugsquellen für Bedarfsartikel für die Taubenhaltung und den Taubensport zu finden.

Bildquellen

de Koster, R., Augsburg: Abb. Seite 14, 18, 23 rechts, 31 oben, 30, 35 links, 46, 59, 65 oben links, oben rechts, unten, 73, 93, 96, 97, 137, 145, 149

Kühntopp, K., Essen: Abb. Seite 22, 23 links, 38, 42, 63 unten

Lokau, S., Bochum-Wattenscheid: Abb. Seite 35 rechts, 39, 47

Poweleit: Abb. Seite 63 oben

Proll, R., Dossenheim: Abb. Seite 15 unten rechts

Reinhard, H., Heiligkreuzsteinach: Titelbild, Abb. Seite 2, 7, 10, 11, 19, 27, 51, 54, 55, 69, 101, 104, 141, Umschlag Rückseite

Stauber, K., Orpund: Abb. Seite 15 oben rechts, Mitte rechts, 129

Wolters, J., Bottrop: Abb. Seite 15 oben links, Mitte links, unten links, 31 unten

Die Zeichnungen fertigte Siegfried Lokau, Bochum-Wattenscheid, nach Vorlagen des Autors.

Sachregister

171

Wenn Sie mehr wissen wollen ...

Rassetauben. *Zucht, Haltung, Flugsport. Heinrich Mackrott. 2., überarbeitete Auflage. 208 Seiten, 99 Farbfotos, 17 sw-Fotos und 32 Zeichn. Pp. ISBN 3-8001-7275-5.*
Die Vielfalt der Arten und Rassen unserer Haustauben ist so groß, daß selbst der Fachmann immer wieder ins Staunen gerät. Sie unterscheidet sich sowohl in ihrem Erscheinungsbild, nach Formen und Farbvariationen, wie auch in ihrer Leistung, nach Hoch-, Dauer-, Kunst- und Wetterflugvermögen. Einen umfassenden Überblick der einzelnen Rassen, über ihre Haltung und Zucht sowie ihren Einsatz auf Ausstellungen und bei Flugwettbewerben bietet dieses Buch, das sich ebenso an den Anfänger wie an den erfahrenen Züchter wendet. **Aus dem Inhalt:** *Zuchtmethoden. Ernährung. Krankheiten und ihre Erreger. Verletzungen und Vergiftungen. Haltung und Pflege. Anpaarung und Zuchtverlauf. Auslese. Die Rassen.*

Brieftauben. *Werner Grundel. 4., überarbeitete und ergänzte Auflage. 151 Seiten, 13 Farb-, 30 sw-Fotos und Zeichnungen. Pp. ISBN 3-8001-7236-4.*
Die Haltung von Brieftauben und der Brieftaubensport sind ein Hobby von besonderem Reiz. Die Liebe zum Tier, Geschick und eine „Glückliche Hand" zeichnen den Brieftaubenzüchter aus. Erfolge auf Dauer stellen sich jedoch nur dann ein, wenn er über das notwendige Fachwissen verfügt. Dieses Buch bietet dem Anfänger wie dem erfahrenen Züchter das nötige „Gewußt wie". Es behandelt alle wesentlichen Fragen der Haltung, Fütterung und Pflege sowie der Zucht und Aufzucht und befaßt sich eingehend mit dem Training, der Vorbereitung und Organisation von Reisen und Preisflügen. **Aus dem Inhalt:** *Taubenschläge. Die Aufzucht von Brieftauben. Bewährte Zuchtverfahren. Maßnahmen gegen Krankheiten und Parasitenbefall.*